돈에 밝은 아이로 키워라

돈에 밝은 아이로 키워라

부모와 아이가 함께 배우는 최강의 돈공부

노충호 · 엄순태 지음

PROLOGUE

우리 아이에게
정말 필요한 교육

"가난하게 태어난 것은 당신의 잘못이 아니다.
그러나 죽을 때도 가난한 것은 당신의 잘못이다."_빌 게이츠

불과 몇 년 전, 청소년의 장래 희망이 '건물주'라는 이야기에 온 사회가 들썩인 적이 있다. 씁쓸한 현실에 "조물주보다 건물주", "조물주 위 건물주", "갓God물주"라는 유행어가 생겼다.

최근 몇 년간 교육부와 한국직업능력개발원이 초·중·고 학생들을 대상으로 실시한 장래 희망 설문 조사에서는 프로게이머, 웹툰 작가, 유튜버, 뷰티 디자이너가 새롭게 등장해 상위권을 차지하고 있다. 일부 전문가들은 이런 현상을 두고 방송이나 신문 기사, SNS에서 여러 직업군에 대한 정보를 자유롭게 접할 수 있게 되면서 희망 직업이 다양해진 것이라고 분석했다. 하지만 금융 전문가로서 우리의 생각은 다르다. 아이들의 장래 희망에 가장 큰 변화를 준 요소는 흥미, 적성 그리고 '돈'이다. 아이들은 좋아하는 일을 하면서 돈을 잘 벌고 써야 한다는 사실을 일찍 깨우치고 있다.

부모들의 눈에는 그런 장래 희망이 탐탁지 않아 보일 수 있다. 지금 부모 세대는 어릴 적부터 가정과 학교에서 돈을 밝히거나 돈에 욕심을 갖는 행동이 잘못된 것이라고 교육받아왔다. 사회 구조적으로도 열심히 공부해서 좋은 대학에 들어가면 직업과 부가 보장되었다.

하지만 앞으로 아이들이 살아가야 할 사회는 그때와 다르다. 부모 세대의 모범 코스였던 '좋은 성적=좋은 대학=좋은 직업=부의 보장' 공식은 더 이상 통하지 않는다. 사회가 고도성장기를 지나 침체기에 들어선 지금은 좋은 대학을 나와도 취업하기 어렵고, 좋은 직장을 다녀도 집 한 채 마련하기 힘들다. 한마디로, 무엇을 해도 잘 되고 잘 벌던 시대는 끝났다.

지금같이 가정과 학교에서 공부를 삶의 최우선 순위로 두고 아이들에게 학생이라는 역할만 부여한다면 아이들은 부모 세대처럼 돈(자본)에 끌려다니게 될 뿐이다. 아이가 공부를 해야 하는 이유가 '경제적 자유'라면 굳이 먼 길을 돌아서 헤맬 필요는 더더욱 없다. 자본주의 사회에서 아이들이 살아가기 위해서는 좋든 싫든 경제 활동을 해야 하고, 낙오되지 않기 위해서는 경제 교육이 반드시 필요하다.

경제 교육이 얼마나 중요한지를 보여주는 이야기가 있다. 제2차 세계대전 이후 경제 호황을 누리던 미국 중산층에 큰 위기가 닥쳤다. 경제 성장과 더불어 꾸준히 상승하던 임금이 제자리걸음을 치게 된 것이다. 하지만 풍요로운 소비 성향은 달라지지 않았기에 점차 쓸 돈이 부족해졌다. 그들은 부족한 돈을 맞벌이로 충족했다. 물가가 더욱 상승하자 이번에는 초과 근무로, 그마저도 통하지 않자 집을 담보로 대출을 받기 시작했다. 물가가 오르며 부동산 가격이 치솟자 집은 마음껏 대출을 받을 수 있는 금고가 되었다. 그러다 어느 순간 집값은 폭락했고, 대다수의 중산층은 파산을 면치 못했다.

생각해보자. 만약 그 당시 미국 중산층의 경제 사고력이 발달했다면 어떻게 되었을까? 경제 교육을 받아 개인 자산 관리의 중요성을 알았다면 어땠을까? 적어도 무리하게 돈을 벌며 소비를 지속하지는 않았을 것이다. 집을 담보로 무턱대고 대출을 받아 수십 년을 갚아 나가는 부채의 늪에 스스로 빠져들지도 않았을 것이다.

아이들에게, 아이를 키우는 부모들에게 경제 교육이 필요한 이유가 여기에 있다. 현재 우리나라 대부분의 가정이 그 당시 미국의 중산층과 비슷하다. 자산 규모를 늘리고 키울 겨를 없이 노동과 부채 상환의 쳇바퀴를 돌리고 있다. 또한 최근 통계에 따르면 20대의 개인 부채 비율이 가장 큰 폭으로 증가하는데, 원인을 보면 대학 학자금이나 주택 보증금 대출 외에 무분별한 신용 대출이 큰 비중을 차지한다. 경제관념이 부족한 청년들이 소액 대출, 손쉬운 신용 대출에 발을 잘못 들이는 것이다.

실수나 무지로 인해 벌어지는 이런 문제들은 경제 교육을 통해 예방할 수 있다. 경제 교육을 받은 아이는 받지 않은 아이보다 경제 사고력이 발달한다. 어른이 되었을 때 인생의 크고 작은 위험을 피할 수 있으며, 설령 위험에 빠졌다고 해도 손실을 최소화하는 해결책을 찾는다. 더 빨리 돈의 속성을 파악하고, 자산을 모으는 방법과 가난을 대물림하지 않는 방법을 스스로 깨우친다.

세계 부모들은 돈을 먼저 가르친다

0세부터 시작하는 유대인의 경제 교육

전 세계에서 가장 영향력 있는 민족, 세계 경제를 이끄는 민족을 꼽자면 바로 유대인이다. 전 세계 인구의 0.2~0.25%에 불과하지만 노벨 수상자의 22%, 미국 억만장자의 40%를 차지한다. 아인슈타인, 에디슨, 프로이트를 비롯해 철강업계 재벌 솔로몬 구겐하임, 헤지 펀드 대가 조지 소로스, 페이스북 창업자 마크 저커버그, 애플 창업자 스티브 잡스, 금융 재벌 로스차일드, 스타벅스 창업자 하워드 슐츠 모두 유대인이다.

그들의 성공을 보면 우리는 유대인의 교육법에 관심이 생길 수밖에 없다. 놀랍게도 유대인이 자녀 교육에서 가장 중요하게 여기는 것이 경제 교육이다. 유대인 부모는 아이가 어릴 때 두 개의 저금통을 선물한다. 하나는 자신을 위한 돈을, 다른 하나는 타인을 위한 돈(기부)을 저축하는 용도다. 아이는 매일 아침, 점심, 저녁 수시로 저금통에 돈을 넣으며 저축과 기부 습관을 동시에 기른다.

유대인 부모는 저축하는 돈도 쉽게 주지 않는다. 우리나라 부모들은 개인 목표 달성을 격려하는 의미로 아이가 책 한 권을 다 읽으면, 숙제를 잘 하면, 시험을 잘 보면 용돈을 준다. 그러나 유대인 부모는 집안일과 같이 가족 전체의 일을 해야 그 대가로 용돈을 주며, 그 기준이 보다 엄격하다. 아이에게 돈을 어떻게 썼는지 기록하게 하고, 기록한 내용을 함께 보며 돈을 관리하는 방법에 대해 대화를 나눈다.

유대인에게는 아이가 13세가 되면 성년식(바르 미츠바)을 치르는 전통이 있다. 이때 가족과 친지가 아이에게 꽤 많은 액수의 축하금을 전달하는데, 그 돈을 아이가 직접 저축하거나 투자해 스스로 경제적으로 독립할 기반을 마련하게 한다.

유대인 부모는 아이가 손에 동전을 쥘 수 있을 때부터 경제 교육을 시작한다. 돈을 지키고 모으는 법, 자신을 위한 소비와 타인을 위한 소비를 가르쳐 돈을 버는 의미와 쓰는 의미를 깨닫게 한다.

체크카드를 건네는 유럽의 부모들

다른 나라보다 자유를 추구하는 프랑스인도 아이 경제 교육에 있어서는 엄격하다. 아이가 부모로부터 독립할 때까지, 용돈을 계좌로 이체하고 계좌와 연동된 체크카드를 아이에게 준다. 아이는 정해진 한도 내에서 돈을 자유롭게 쓰되 스스로 소비를 조절해야 한다.

뉴질랜드 부모는 아이에게 돈을 물려주는 것을 독이라고 여긴다. 돈을 주는 것보다 어린 시절부터 직접 돈 버는 방법을 익히게 하는 것이 더 가치 있는 상속이라고 생각한다. 오로지 부모의 지원(돈)에만 의지하는 아이는 부모가 이끌어줄 때는 잘 따라간다. 하지만 부모의 보살핌이 사라지면 어떻게 될까?

요즘 우리나라 아이들은 마트 놀이를 하면서 "카드로 살게요"라는 말을 한다. 가지고 싶은 장난감을 사달라고 떼쓸 때도 부모가 "지금은 돈이 없어. 다음에 사자"라고 타이르면 "일단 카드로 사면 되지"라고 대답한다. 이런 현상이 아이에게만 국한되는 건 아니다. 청소년, 사회 초년생 중 부모 명의의 신용카드, 이른바 '엄카'를 쓰는 사람이 많다. 카드 비용은 부모가 대신 내준다.

신용카드가 만능이라는 인식을 가져서는 안 된다. 신용카드는 쓴 만큼 대가를 지불해야 한다. 만 원을 쓰면 만 원을, 백만 원을 쓰면 백만 원을 내야 한다. 하지만 카드를 쓸 때는 당장 돈을 낼 필요가 없으니 자칫 수중에 있는 돈보다 더 많은 소비를 하게 된다. 그리고 그 돈을 부모가 내주는 습관을 들인다면 어른이 되어서도 부모의 지원을 바라게 될 수밖에 없다. 당장 겉으로 드러나지 않는 소비, 부모의 무조건적인 경제 지원은 아이에게 인생을 위협하는 유해한 도구를 쥐어주는 행위다.

문맹보다 금융맹이 더 무섭다는 미국

한국은행과 금융감독원이 발표한 2018년 전국민 금융 이해력 조사에 따르면 우리나라 성인의 금융에 대한 이해력은 평균 62.2점이다. 참고로 OECD 국가 평균 점수는 64.9점이다. 그보다 앞서 스탠더드앤드푸어스와 여론조사 기관인 갤럽이 공동으로 실시한 '전 세계 금융 지식 조사'에서 우리나라의 금융 지식 수준은 148개국 중 77위였다. 이는 말리, 알제리와 비슷한 수준으로 우리나라가 IT를 비롯한 제조업이나 서비스 산업에서는 선진국이지만 금융에서만큼은 후진국이라는 사실을 보여준다.

우리가 잘 아는 금융 선진국들은 경제를 학교 정규 교육 과정에 의무 과목으로 지정하여 가르친다. 특히 미국은 1990년대 무분별한 신용카드 사용으로 개인 채무가 1인당 4,000~5,000달러에 이르고 파산하는 사람들이 많아지자 경제교육협의회 Council for Economic Education, CEE를 통해 경제 교육을 추진했다. 개인 자산 관리, 소비 관리 등 실생활에 활용할 수 있는 경제 교육을 시작한 것이다. 유아부터 청소년, 대학생에 이르기까지 경제 능력을 향상시키기 위해 경제 교육 프로그램을 구축하고 경제 교과서를 만들었다.

미국에서는 경제 교육을 받지 못한 사람을 수영을 못하면서 바다에 뛰어드는 사람에 비유한다. 미국 연방 준비 제도(미국의 통화 정책을 수행하는 중앙은행) 의장을 지낸 앨런 그린스펀은 경제 교육의 중요성을 이렇게 말했다.

"문맹은 생활을 불편하게 하지만 금융맹은 생존을 불가능하게 한다."

경제 교육에도 골든 타임이 있다

자기 조절력을 기르는 2~7세

경제 교육이야말로 부모가 아이에게 줄 수 있는 최고의 유산이다. 다행히도 요즘 경제 교육의 중요성을 인식하는 부모들이 늘어나면서 경제 교육을 언제 시작해야 하는지, 무엇을 가르쳐야 하는지 궁금해하는 경우가 많다. 아이가 너무 어리면 이해하기 어려울 것 같고, 아이가 너무 크고 나면 자기주장이 강해 가르치기 쉽지 않기 때문이다.

경제 교육은 아이가 어릴수록, 늦어도 초등학교에 들어가기 전에 시작하는 게 좋다. 스위스 발달 심리학자 피아제는 인간의 인지 발달 단계를 감각 운동기(0~2세), 전 조작기(2~7세), 구체적 조작기(7~12세), 형식적 조작기(12세~성인) 4단계로 분류한다. 갓 태어나 생후 2년 동안 아이는 감각이나 행동을 통해 주변 세계를 이해하고 운동 능력을 발달시킨다. 그리고 전 조작기에 접어들면 언어를 습득하며 세상에 대한 개념을 만들어 나간다. 부모의 훈육으로 자기 조절력도 기른다.

그렇다면 이 중 경제 교육을 시작하기 좋은 때는 언제일까? 바로 전 조작기에 해당하는 2~7세다. 한 연구 결과에 따르면 아이들은 4세부터 빈부의 개념을 이해하고, 5세부터는 돈과 관련된 경제 교육을 받아들이고 이해한다고 한다. 경제 교육은 습관 교육이다. '교육'이라고 생각하면 취학 전 아이에게는 너무 이르다 싶을 수 있지만, 저축하고 소비하는 '습관 들이기'라고 생각하면 부모 품에서 조절과 통제를 배우는 시기가 가장 적절하다.

전 조작기 아이에게 어떻게 해야 용돈을 받을 수 있는지, 받은 용돈은 어떻게 소비 또는 저축할 수 있는지 가르쳐주자. 용돈 지급 간격은 하루에 한 번, 일주일에 한 번에서 시작해 한 달에 한 번으로 늘려 나간다. 저축 규칙은 아이와 상의하거나 아이 기질에 맞추어 정한다. 예를 들어 매일 용돈을 준다면 평일에 받은 용돈은 저축하고, 주말에 받은 용돈은 좋아하는 간식이나 장난감을 사는 데 쓰도록 한다.

수와 셈을 아는 8~13세

5세 무렵의 아이가 엄마와 함께 유튜브 시청 시간을 정하고 있었다. "주말이니까 특별히 유튜브 보는 거야. 몇 분 보고 싶어? 30분? 1시간?" 엄마의 말에 아이는 눈치를 보더니 "30분!"이라고 답했다. 왜 더 적은 시간을 골랐는지 궁금해서 나중에 아이에게 물어보자 아이는 "1보다 30이 더 크니까. 오래 보고 싶어서 큰 숫자를 고른 거야"라고 말했다.

유아기 아이들은 부모에게 용돈을 받아도 만 원 1장보다 천 원 10장을 좋아한다. 숫자를 곧잘 외우고 쓰지만 수나 단위의 차이를 제대로 인지하지 못해서다. 하지만 학교에 입학해 덧셈, 뺄셈, 곱셈, 나눗셈 등 수학의 기초를 배우다 보면 점점 그 차이를 구분할 수 있게 된다.

수와 셈을 아는 8~13세 시기에는 돈을 어떻게 썼는지 기록하게 하고, 부모가 아이와 함께 그 내용을 보며 돈을 관리하는 방법을 토론하는 교육이 필요하다. 예산 내에서 돈을 쓰고 관리하는 습관을 기르도록 도와주어야 한다.

하지만 이 시기에 경제 교육을 시작하면 아이는 경제 개념을 빠르게 이해할 수 있지만 이미 어느 정도 주관이 형성되어 있어 교육을 받아들이기까지 시간이 걸릴 수 있다. 통제와 조절을 가르치기도 어렵다. 그럴 경우 아이에게 경제 개념을 직접 체험하게 해주면 많은 도움이 된다. 그 과정을 통해 자연스럽게 경제 사고력을 키울 수도 있다. 평소 부모와 아이가 함께 수와 셈을 활용한 놀이를 해도 좋다.

경제 교육의 마지막 보루, 14~19세

아무리 늦어도 경제 교육의 마지막 시기를 놓쳐서는 안 된다. 중·고등학교 시기 아이는 자립적으로 소비 활동을 한다. 학업에 필요한 준비물을 문구점에서 직접 사기도 하고, 하교 시간에 친구들과 간단한 군것질을 하기도 한다. 직업과 소득이 없을 뿐 사실상 성인과 동일한 소비 활동을 한다. 그래서 부모가 아무리 소비와 절약에 대해 가르치려고 해도 아이 입장에서는 쉽게 받아들이기 어렵다. 자기 나름의 소비 습관이 몸에 배어 있기 때문이다.

하지만 청소년 시기에도 경제 교육을 통해 아이에게 경제적 지능을 심어주는 게 좋다. 시간이 걸리더라도, 어렵더라도 절대 포기해서는 안 된다. 이 시기에는 아이가 성인이 된 후 경제적으로 자립해 접하게 될 경제 개념들 위주로 가르치되, 어떤 상황에서 어떤 개념들이 사용되는지 이론적이며 근거가 확실한 내용을 토대로 교육하는 게 도움이 된다. 만약 부모가 경제 교육을 하기 어렵다면 도서, 강연, 체험 활동 등 전문가의 손을 빌려도 괜찮다.

또한, 이 시기에는 경제적 자존감을 건강하게 키워주는 경제 교육이 필요하다. 지금 세상은 물리적인 노력만으로는 부의 격차를 해결할 수 없다. 이 시기 아이들은 그런 현실을 잘 알고 실제로 학교에서, 반에서, 친구 사이에서 빈부의 격차를 느끼며 그로 인해 경제적 자존감이 떨어지거나 상실될 수 있다. 보이지 않는 불안보다 눈에 보이는 불안을 다스리기가 훨씬 쉽다. 외부의 영향에 의해 아이의 경제적 자존감이 흔들릴 때 부모는 가계 사정을 숨기지 말고 아이에게 말해주자. 아이가 가정 경제에 관심을 가질 수 있도록 함께 지출 계획, 저축 계획을 세우며 가정 내에서 경제 활동을 배워 나가게 하면 좋다.

경제 교육에 이른 때란 없다

아이의 경제 교육에 있어 부모들이 쉽게 하는 실수가 "너무 일러" 혹은

"너무 늦었어"라는 생각이다. 교육의 시기, 영향에 대한 고민을 안 할 수야 없지만 가장 좋은 상황을 기다리다가는 가장 적절한 타이밍을 놓치게 된다. 교육을 잘못해서 생기는 부작용보다 교육을 하지 않아 생기는 위험을 더 걱정해야 한다.

투자의 귀재 워런 버핏은 "경제 교육은 언제든 결코 이르지 않다"라고 말했다. 맞는 말이다. 아이의 경제 교육에 너무 이른 때란 없다. 돈은 어른이 되었다고 자연스럽게 알게 되는 것이 아니다. 아이에게 글을 읽고 지식을 쌓아 나가는 도구로 언어를 가르치듯, 인생을 살아가기 위해서는 돈의 언어를 가르쳐야 한다. 돈의 언어를 아는 아이는 경제적으로 체계적인 미래 계획을 세울 수 있다. 당연히 먼저 배운 아이는 남들보다 빠르게 미래를 계획할 수 있다.

여전히 경제 교육의 필요성을 실감하지 못하는 부모도 있을 것이다. 아이가 돈에 밝기보다 돈 욕심 없이 순수하게 세상을 살아가길 바라는 부모도 있을 것이다. 하지만 우리 아이들은 자본주의 세상을 살아간다. 좀더 직설적으로 말하면 싸워 나가고 있다. 온실 속 화초처럼 자란 아이는 험난한 자본주의 세상에서 버티지 못한다. 그러면 많은 실패와 고난을 거쳐야 한다. 그래서 자본주의 사회에서 아이가 '잘' 살아남기 위해서는 경제 교육이 반드시 필요하다.

목차

프롤로그. 우리 아이에게 정말 필요한 교육 ... 005

01 경제 사고력을 기르는 **공부법**

아이 편

경제 교육, 무엇부터 해야 할까? ... 023
읽으면 읽을수록 돈 공부가 쉬워진다 ... 032
전문 기관의 콘텐츠로 실속 있게 배운다 ... 041
경제는 동영상, 만화로 보면 더욱 재미있다 ... 046
놀이를 통해 경제 습관을 기른다 ... 055

02 경제 자립심을 키우는 실전법

아이 편

진정한 배움은 경험에서 시작된다	067
STEP 1 용돈으로 시작하는 자산 관리	069
STEP 2 목돈을 만드는 저축 계좌 개설	079
STEP 3 주식, 채권, 펀드 투자를 위한 증권 계좌 개설	087
STEP 4 부모와 아이가 함께하는 주식 투자	094
STEP 5 부모와 아이가 함께하는 펀드 투자	100
STEP 6 부모와 아이가 함께하는 채권 투자	105
STEP 7 포트폴리오를 구성해 투자 계획 세우기	108

03 경제적 디딤돌을 마련하는 투자법

 부모편

아이의 첫 계좌, 출생과 동시에 개설하자	113
보험은 필요한 것만 최소한으로 챙기자	125
안전 자산은 반드시 준비하자	131
달러, 투자하지 말고 보유하자	139
주식으로 티끌 모아 태산 물려주자	147
주식이 어렵다면 ETF를 하자	164
저금리 시대에는 채권 투자에 눈을 돌리자	175
건물주처럼 매달 임대 소득을 얻자	188

04 경제적 디딤돌을 키우는 절세법

부모편

자산 관리의 마지막은 세금이다	197
절세의 시작은 증여다	200
주식은 세금 모르면 절반만 성공한다	206
채권은 어떤 세금을 낼까?	214
펀드, 세금을 모르면 낭패다	217
금융 소득의 스노볼 = 종합 소득세	221

01

경제 사고력을 기르는 공부법

아이 편

경제 교육, 무엇부터 해야 할까?

돈에 밝은 아이로 키워라

상담을 하다 보면 "돈에 대해 잘 몰라요", "돈 관리도 잘 못 해요"라고 말하는 부모들이 많다. 우리는 돈을 많이 가지고 싶어 하지만 한편으로는 회피하는 경향이 강하다. 가계부 작성하기를 꺼려하고, 카드 내역서 확인하기를 두려워한다. 돈에 대해 신경 쓸수록 마음이 불편해지기 때문이다.

이런 심리는 당연히 아이의 경제 교육에도 작용한다. 아이에게 돈에 대해 말하는 행동을 부끄럽고 민망하다고 느낀다. 하지만 가정에서 부모가 돈에 대해 가르쳐주지 않는다면 아이는 어디에서, 누구에게 배워야 할까? 성인이 되어 경제적으로 자립했을 때 직접 경험하고 깨달아야 할까? 한 가지 중요한 사실은 남의 손을 빌리는 교육이든 뒤늦은 경험이든 그만큼 값비싼 수업료를 지불해야 한다는 것이다.

우리는 돈이 움직이는 사회를 살아간다. 그래서 부모들은 더욱 아이들에게 돈에 대한 개념과 가치를 올바르게 가르쳐줄 필요가 있다. 부를 물려받는 것만 부자가 되는 길은 아니다. 전 세계적으로 이름을 알린 부자 중에는 경제 교육으로 부를 얻는 방법을 터득한 사람들이 더 많다. 만약 당신이 아이에게 부를 물려줄 만큼 부자가 아니라면 당신의 아이를 부자로 만들어줄 수 있는 최선의 방법은 바로, 경제 교육을 통해 돈에 밝은 아이로 키우는 것이다.

그럼 돈이란 무엇일까?

돈은 '가치를 담는 물건'이다

사전적으로는 사물의 가치를 의미한다. 하지만 우리에게 돈은 '가치'라는 추상적인 개념보다 동전, 지폐, 통장 속 잔액과 같이 실재하는 '물건'에 가깝다. 가치와 물건 사이에는 뚜렷한 간극이 존재한다. 이 간극이 혼란을 주어 돈에 대해 이해하기 어렵게 만든다.

돈에 대한 개념은 돈의 역사를 살펴보면 쉽게 알 수 있다. 옛날에는 물건과 물건을 맞바꾸는 방식으로 물건을 사고팔았다. 그러나 물물 거래에는 여러 불편과 불공정이 존재했다. 부피가 크거나 쉽게 상하는 물건은 옮기기 어려웠고, 물건의 가치 기준이 정확하지 않아 합리적인 거래가 성립되지 않기도 했다. 사람들은 그런 문제를 해결하고자 쌀, 소금, 가죽 등 보다 보편적으로 가치를 잴 수 있는 물건을 거래에 사용하기 시작했다. 당시 물건을 사고파는 데 돈의 역할을 대신한 물건을 '물품 화폐'라고 한다.

이후 돈의 형태는 여러 변화를 거치며 금이나 은으로 만든 금속 화폐에서 오늘날 종이 화폐로 바뀌었다. 기술이 발전하면서 돈을 대체하는 신용카드, 가상 화폐도 생겼다.

우리가 돈이라고 부르는 것은 돈의 형태일 뿐이다. 100원짜리 동전에는 100원이라는 가치가, 1,000원짜리 동전에는 1,000원이라는 가치가 담겨 있다. 돈의 형태는 언제든 바뀔 수 있다. 그래서 나라마다 돈의 모양이 다르고, 거기에 담긴 가치가 다른 것이다.

아이에게 돈에 대한 개념을 설명해주었다면 돈의 역사와 모양을 실제로 보고 체험할 수 있는 화폐박물관을 가보자. 대표적인 곳으로 한국은행과 한국조폐공사의 화폐박물관이 있다. 특히 오늘날 우리가 쓰는 동전과 지폐는 우리나라 중앙은행인 한국은행에서 관리하고 한국조폐공사가 만든다. 한국은행이 돈을 어떤 모양으로, 얼마나 찍어낼지 결정하면 그에 따라 한국조폐공사가 돈을 만들어내고, 한국은행은 그 돈을 경제 활동이 일어나는 곳곳으로 내보낸다. 두 곳에서 운영하는 화폐박물관에는 돈과 관련한 방대한 전시 자료는 물론, 아이들을 위한 다양한 경제 교육 프로그램이 마련되어 있다.

아이들이 좋아할 만한 주제, 캐릭터를 활용하여 경제 호기심을 자극하는 기획전들이 시기별로 준비되어 있으니 방문하기 전 미리 살펴보자. 만약 직접 찾아가기 어렵다면 웹 사이트를 방문해도 괜찮다. 웹 사이트에서도 주요 전시물을 볼 수 있다.

한국은행 화폐박물관

웹 사이트: www.bok.or.kr/museum

관람 시간: 화요일~일요일 10:00~17:00(※개인 관람은 사전 예약 필수)

주소: 서울시 중구 남대문로 39

한국조폐공사 화폐박물관

웹 사이트: museum.komsco.com/museum

관람 시간: 화요일~일요일 10:00~17:00(※20명 이상 단체 관람은 사전 예약 필수)

주소: 대전시 유성구 과학로 80-67

돈을 벌고 쓰는 법을 알아야 한다

요즘 아이들에게 "돈은 어디서 나올까?"라고 물으면 "카드요", "은행이요", "회사요"라는 꽤 현실적인 대답을 한다. 예전같이 돈이 화수분처럼 나무에서 나고, 땅을 파면 나온다고 천진난만하게 대답하는 아이들은 찾아보기 힘들다. 만약 아이가 돈이 어디에서 나오는지 모른다면 부모가 반드시 알려주어야 한다.

　누구나 돈을 벌 수 있다. 아빠도, 엄마도, 할아버지도, 할머니도 그리고 아이도. 나이가 어리다고 돈을 벌지 못하는 것이 아니다. 단지 돈을 벌 수 있는 환경이 여의치 않거나 제한될 뿐이다.

　워런 버핏은 어릴 적, 할아버지가 운영하는 식료품 가게에서 사람들이 물건 사는 모습을 보면서 장사에 호기심이 생겼다. 그는 직접 물건을 사서 사람들에게 판매하며 이윤을 남겼다. 11세 때는 주식 중개인이던 아버지를 따라 거래소를 방문하고 모아둔 돈으로 주식을 매수했다. 가난한 이민자 가문에서 태어나 누구나 돈을 벌어야 하는 상황에서 그는 스스로 돈을 벌 방법을 찾아냈다.

돈은 '누구나' 벌 수 있다는 사실을 아이에게 알려준 다음 어떻게 벌 수 있는지 함께 생각해보자. 돈을 벌 수 있는 다양한 방법들을 목록으로 정리하고 실행에 옮겨보자. 부모와 함께 고민하고 직접 실천해보는 동안 아이는 돈의 의미와 흐름을 자연스레 이해하게 된다. 그리고 직접 돈을 버는 일이 얼마나 힘든지 알게 되면 돈을 버는 일(소득)과 쓰는 일(소비)에 대해 합리적인 습관을 세우는 데도 도움이 될 것이다.

부모와 아이가 함께 돈을 버는 방법을 간단히 살펴보자면 두 가지가 있다.

먼저, 집 안 청소하기, 자동차 세차하기, 분리수거하기와 같이 가족 공동의 일을 하는 대가로 돈을 받는 방법이다. 돈은 거저 생기는 것이 아니라 노력의 대가임을 깨닫게 하는 데 중점을 둔다.

이 방법은 부모와 아이 사이 약속과 거래가 기반이 된다. 어떤 일을 할 때 얼마를 벌 수 있는지 명확한 기준을 세우고, 부모 마음대로 수시로 바꾸어서는 안 된다. 그래서 그 기준을 모두가 잘 인지할 수 있도록 종이에 적어 잘 보이는 곳에 걸어두는 게 좋다. 만약 매번 돈을 지급하기 어렵다면 집안일을 도울 때마다 스티커를 붙여두고, 일정 횟수가 넘으면 돈을 주는 방식도 있다.

다음은 아이가 가진 물건 중 쓸모 없어진 것들을 모아 판매해 소득을 얻게 하는 방법이다. 이 방법은 물건의 가격이나 가치가 시간에 따라 변한다는 사실을 이해하게 돕는다. 그리고 경제 활동을 통해 새로운 이익을 발생시킬 수 있다는 이점을 깨닫게 해준다. 최근에는 당근마켓, 플리마켓 등 온오프라인에서 이용할 수 있는 중고 거래 시장이 많다. 아이와 함께 팔 물건을 고른 다음 어디서 어떻게 팔지를 결정하자. 물건을 팔아 생긴 돈을 어떻게 쓸지도 함께 생각해보면 좋다.

돈도 잘 써야 돈값한다

돈이 무엇인지, 어떻게 벌 수 있는지를 알려줬다면 이제 돈을 올바르게 쓰는 법을 알려주자. 소비에서 배워야 할 건 두 가지다. 충동 소비를 인식하는 것과 사고 싶은 물건을 합리적으로 구매하는 것이다. 아이들은 욕구에 이끌리기 때문에 비합리적인 소비를 하기 쉽다. 구매 동기, 가격을 신중히 고려하는 소비 교육이 반드시 필요하다.

1단계. 목표 정하기

아이를 위한 경제 교육이니 목표가 거창할 필요는 없다. 아이가 원하는 물건을 목표로 정하면 된다. 만약 아이가 평소 즐겨 보는 만화의 로봇A를 갖고 싶어한다고 하자. "로봇A가 갖고 싶어?", "장난감이 많은데 로봇A는 왜 필요해?"라고 말하며 아이가 장난감 로봇을 정말 구매하고 싶은지 대화를 통해 확인한다. 이때 처음부터 무조건 "안 돼", "어려워"라고 부정적으로 반응해서는 안 된다. 아이와 이야기를 나누며 충동 소비는 아닌지 구매 의사를 분명히 확인하자.

2단계. 예산 체크하기

목표를 정했다면 다음 단계는 예산 체크다. 여기에서 예산은 가정의 생활비 같은 공동 예산이 아닌 아이가 소지하고 있는 돈이어야 한다. 경제 교육을 하기로 마음먹은 순간부터 아이의 소비를 위해 부모가 무조건적으로 지갑을 열어서는 안 된다. 아이가 지금 얼마의 돈을 가지고 있고, 그 돈으로 물건을 살 수 있는지 여부를 확인한다.

만약 아이가 가진 돈이 부족하다면 어떻게 해야 할까? 아이가 수의 개념을 아직 모른다면 그 상황을 받아들이지 못할 수 있다. 그럴 때는 그림이나 실제 돈을 가지고 그 차이를 알려주는 것이 좋다. 아이가 가진 돈이 2만 원이고, 장난감 로봇의 가격이 3만 원이라면 책상에 3만 원과 2만 원을 나란히 두고 로봇의 가격보다 아이가 가진 돈이 훨씬 적음을 시각적으로 보여주자. 아이가 부족한 돈을 모아야 로봇을 살 수 있다는 사실을 반드시 알려주어야 한다.

3단계. 부족한 예산 채우기

예산을 추가로 확보할 수 있는 방법을 제안하자. 아이가 할 수 있는 집안일이 무엇이며, 그 집안일 한 번에 얼마씩 받을 수 있는지를 설명해주자. 필요한 예산과 아이가 집안일을 하며 받는 돈의 차이를 적을 수 있는 메모판을 마련하면 더욱 좋다. 아이는 어른보다 참는 것이 서툴다.

시각적으로 차이가 줄어드는 모습, 목표에 다가가는 모습을 보여준다면 확실한 동기 부여가 될 것이다.

4단계. 비교와 결정하기

물건을 살 만큼 돈이 모였다면 구매 전 가격을 비교해보는 습관을 들이는 것이 좋다. 온라인과 오프라인 구매에는 장단점이 있다. 온라인 구매는 당장에 원하는 바를 얻을 수 없지만 비교적 저렴한 가격에 구매가 가능하다. 그로 인해 예산이 남는다면 다른 목표를 정해볼 수 있다. 단, 배송비가 추가될 수 있다는 단점이 있다. 반면 오프라인 구매는 당장에 원하는 바를 얻을 수 있지만 가격 할인 폭이 적다.

아이에게 장난감을 구매할 수 있는 방법과 그에 따른 장단점을 설명해주자. 그리고 아이가 어느 쪽을 선택하든 받아들이자. 아이가 오프라인으로 당장 원하는 장난감을 갖고 싶어해도 이해해야 한다. 아이는 이익보다 당장의 욕구에 더 민감하게 반응한다. 장난감을 갖고 싶다는 마음을 깨닫고 구매하기까지 아이로서는 견디기 힘든 긴 시간이었다.

이익과 손실을 따지기 이전에 목표를 성취하는 것이 우선이다. 또한 아무리 좋은 말이어도 어린아이의 입장에서는 이해하기 어려울 수 있다. 백 번의 말보다 직접 경험하는 것이 중요하다. 소비와 선택을 반복하면서 경험을 통해 돈을 어떻게 써야 하는지, 합리적인 소비란 무엇인지 깨달을 수 있도록 도와주자.

아이에게 소비를 가르치는 데 4단계를 거쳐야 한다니 너무 길고 쓸

모없게 느껴질 수 있다. 하지만 절대 그렇지 않다. 비단 돈뿐만이 아니라 우리 삶의 거의 모든 것은 한정되어 있다. 제한된 조건 안에서 현명한 소비를 하는 연습은 결국 합리적인 선택으로 이어진다. 경제 교육뿐만 아니라 아이의 삶과 미래를 위해서도 값진 교육이다.

읽으면 읽을수록
돈 공부가 쉬워진다

책과 신문으로 경제 읽는 법을 배운다

어른도 그렇지만 아이는 '경제', '공부'라는 단어에 거부감을 느낀다. 거기에 엄마 아빠도 선뜻 이해하기 어려운 내용, 숫자, 지표 등으로 경제 교육을 하면 아이는 당연히 관심이 떨어질 수밖에 없다.

어려서 경제에 관심과 흥미가 떨어진다면 자랄수록 아이 스스로 자신과 관련 없는 내용이라고 생각해 관심을 끊게 된다. 이른바 '경포자', '돈포자'가 되는 것이다. 그런 아이의 흥미를 돋우고 귀를 기울이게 할 방법은 바로 이야기를 읽어주는 것이다.

교훈적인 이야기가 있는 책, 경제 개념을 그림으로 쉽게 설명하는 책, 경제 분야 위인들의 이야기가 담긴 책, 경제 신문 등은 어려운 경제 이야기도 아이 눈높이에 맞춰 쉽고 재미있게 설명한다. 아이의 어휘력,

독서력을 키우면서 경제를 보는 안목도 기를 수 있다. 아이는 물론 어른들이 읽어도 좋다.

이솝우화

교훈적인 이야기가 많아 실제로 널리 읽히고 있는 이솝우화 중에는 아이의 경제 사고력 발달에 도움이 되는 이야기도 있다. 예를 들면 매미와 당나귀 이야기다.

한 당나귀가 여름에 맴맴 노래하는 매미를 보며 부러움을 느꼈다. 그리고 매미에게 가서 무엇을 먹어야 노래를 잘할 수 있는지 물어봤다. 매미는 당나귀에게 나뭇잎이나 이슬을 먹고 산다고 말했다. 그러자 당나귀는 노래를 잘하고 싶은 마음에 매미처럼 나뭇잎과 이슬만 먹다가 결국 힘이 빠져 죽어버린다.

자신을 모른 채 남의 것을 탐내는 욕심, 자신과 맞지 않는 것을 행하는 어리석음을 말하고자 하는 이 이야기에서 우리는 소비의 중요성을 배울 수 있다. 우리의 경제 능력은 모두 똑같지 않다. 많이 버는 사람이 있고, 적게 버는 사람이 있다. 태어날 때부터 많이 가진 사람도, 그렇지 못한 사람도 있다. 그런 차이를 무시한 채 경제 능력이 약한 사람이 다른 사람의 호화스러운 소비를 부러워하며 따라 한다면 어떻게 될까? 가진 돈은 고려치 않고 무턱대고 돈을 쓴다면 마이너스 삶을 살다 빚에 짓눌리게 될 것이다.

이솝우화는 사람 이외의 동물 또는 식물이 주인공이 되어 사람처럼 행동하고 감정을 나타낸다. 그래서 가르치고자 하는 상황에 맞게 이야기를 해석하여 전달하는 것이 다른 책에 비해 쉽다. 앞서 매미와 당나귀 이야기를 다 읽고 난 다음에 "만약 음식이 아니라 돈이었다면 어땠을까?"라고 말하며 이야기에 나오지 않은 내용을 아이와 함께 상상해봐도 좋고, 이야기를 '돈이 많은 매미가 노는 모습을 보고, 매일 부지런히 돈을 벌던 당나귀가 일을 하지 않고 놀다가 가난해졌다'라는 내용으로 각색해도 괜찮다.

아기 돼지 삼 형제가 경제를 알았다면 글 박원배 | 그림 송연선 | 열다

딱딱하고 어려운 경제 개념을 옛날이야기에 녹여서 쉽고 재미있게 익히도록 도와주는 책이다. 아기 돼지 삼 형제 이야기 속에서 합리적 선택을, 황금 알을 낳는 거위 이야기 속에서 기회비용을 배운다. 초등 교과의 필수 경제 개념이 들어 있어 학교 교육과 연계한 공부도 가능하다.

이솝우화로 읽는 경제 이야기 글 서명수 | 그림 이동현 | 이케이북

35가지 이솝우화를 통해 경제 개념과 실전 경제를 배운다. 이솝우화를 경제적인 관점으로 읽고, 각 이야기마다 핵심이 되는 개념을 실제 사례와 접목하여 다시 설명한다. 이솝우화로 시작해 경제 개념을 배우고, 현재 경제 흐름까지 이해할 수 있게 구성되어 있다.

탈무드

경제 교육서로 으뜸이다. 세계 경제를 움직이는 유대인들의 원천이 바로 탈무드에서 배운 지혜이기 때문이다. 우리가 익히 알고 있는 솔로몬의 판결도 바로 탈무드에 나오는 이야기다. 아이들이 좋아하는 뽀로로에서 다룬 '요술 사과의 가치' 이야기도 탈무드에 나온다.

한 나라의 공주가 몹쓸 병에 걸려 목숨이 위태롭자 왕은 공주를 살리는 사람을 사위로 삼겠다고 약속한다. 이에 희귀한 능력과 보물을 가진 삼 형제가 힘을 합쳐 공주를 살렸다. 아주 먼 곳까지 볼 수 있는 망원경을 가진 첫째는 왕이 내건 포고문을 확인했고, 마법 양탄자를 가진 둘째는 공주에게 날아갔으며, 어느 병이든 치유할 수 있는 사과를 가진 셋째는 공주에게 사과를 먹였다. 공주가 살아나자 형제는 공주를 구한 사람이 자신이라며 다투기 시작했다. 그 모습을 지켜보던 왕은 마법의 사과를 준 셋째를 사위로 삼았다. 첫째와 둘째는 망원경과 양탄자가 온전히 남아 있지만 셋째는 사과가 사라졌다는 이유에서였다.

왕은 모두가 납득할 만한 합리적인 결과를 도출하기 위해 '가치'를 기준 삼았다. 삼 형제가 가지고 있던 물건은 값이 정해지지 않은 마법의 물건이었다. 거기서 왕은 아무리 써도 사라지지 않는 물건과 한 번 쓰고 나면 사라지는 물건의 가치를 계산한 것이다.

이처럼 탈무드는 다양한 이야기를 통해 문제 상황을 제시하고 해결해가는 지혜를 보여준다. 슬기롭고 지혜로운 사고력은 경제 사고력으로 발전할 수 있다.

그림책

그림책은 재미있는 그림과 이야기를 따라가면서 경제 개념을 배울 수 있다. 대부분 현실을 반영하고 있기 때문에 아이가 이야기에 쉽게 감정 이입할 수 있고, 쉽게 이해할 수 있다. 생활 속 어디에서든 경제 활동이 필요하다는 사실도 깨달을 수 있다.

태토의 부자 되는 시간 글 박성현 | 그림 영민 | 채우리

태토(태서)는 같은 학교 친구인 준서가 '동물의 바다' 게임에서 부자가 된 비결이 궁금하다. 준서처럼 게임 속에서 부자가 되기 위해 열심히 일하고 돈을 아무리 모아도 부자가 되지 못하는 태토에게 어느 날 마법과 같은 일이 일어난다.

내 로봇 천 원에 팔아요! 글 김영미 | 그림 송효정 | 키위북스

집안일을 돕고 용돈을 받은 찬이는 신나게 먹고 놀다 용돈을 다 써 버린다. 친구 민수는 부모님에게 꾸중을 듣고 풀이 죽은 찬이를 위로하며 벼룩시장에서 용돈 버는 방법을 알려준다. 둘은 학교 옆 공원에서 열리는 벼룩시장에 참가해 쓰지 않는 물건을 내다 팔아 용돈을 벌기로 한다.

얼큰쌤의 비밀 저금통 글 김미희 | 그림 에스더 | 키다리

먹고 싶은 것도 많고 사고 싶은 것도 많아 늘 용돈이 부족하다고 생각하는 아이들. 그러던 어느 날 구두쇠로 유명한 왕대두 선생님이

담임으로 오면서 용돈 받기부터 저금통 기부까지 아이들의 용돈 낭비 습관을 고쳐주기 위한 특단의 조치가 시작된다. 용돈을 사용하는 법부터 절약과 기부의 의미까지 생각해볼 수 있다.

또봉이 통장 글 박종기 | 그림 이미진 | 알에이치코리아

열한 살이 된 또봉이는 처음으로 용돈을 받았다. 하지만 장난감도 사야 하고, 친구들과 영화도 보러 가야 하는 또봉이에게 용돈 2만 원은 턱없이 부족하다. 용돈을 다 써버려 친구들과 놀 수 없었던 날 용돈을 올려달라는 또봉이의 부탁에 부모님은 새로운 제안을 한다.

100원짜리만 받는 과자 가게 글 보린, 반하다 | 그림 반하다 | 위즈덤하우스

깊은 숲속에 사는 슈가 마녀와 파우더 마녀는 빵 반죽으로 같이 놀 친구들을 만들기로 한다. 그렇게 만들어진 빵야는 놀러 가기 좋은 날 텅 빈 소풍 바구니를 보고 과자를 사러 간다. 젤리, 쿠키, 사탕, 아이스크림 등 다양한 과자 가게들이 모여 있는 달콤바삭. 그곳은 백 원짜리 동전만 받는다고 하는데…. 책 속 동전으로 과자를 사면서 즐거운 가게 놀이를 할 수 있는 참여형 그림책이다.

왜 저축해야 돼? 글 오시창 | 그림 오유선 | 꿈터

올바른 저축 습관과 용돈 관리를 통해 경제 개념을 스스로 깨달을 수 있게 하는 그림책이다. 계획 없이 돈이 생기는 대로 쓰다 부족하면 부모님에게 손을 내미는 가영이와 건이. 어느 날 부모님 몰래 아빠의 생일 선물을 준비하기로 하는데, 둘이 가진 돈을 모두 합쳐도 선물 사기에 턱없이 부족하다.

주식회사 6학년 2반 글 석혜원 | 그림 한상언 | 다섯수레

새 학기를 맞아 서울에 있는 학교로 전학 온 준영이는 새롭게 배정받은 6학년 2반에서 장래 희망이 CEO라는 진우를 만난다. 진우는 학급 회의 시간에 1년 동안 추진할 특별 활동으로 주식회사를 운영해보자고 한다. 아이들은 몸소 주식을 팔아 자본금을 모으고 회사를 운영하며 조금씩 성장해간다.

차곡차곡 당근 버는 토끼 이야기 글·그림 신더스 매클라우드 | 웅진주니어

토끼 친구들이 모여 사는 버니랜드에서는 당근이 돈이다. 유명한 가수가 되고 싶은 버니는 당근을 차곡차곡 모아 노래 수업을 듣고 꿈을 향해 나아가려고 한다. 버니는 꿈을 이룰 수 있을까? 토끼 친구들을 통해 돈을 벌고, 쓰고, 저금하고, 나누는 법을 배우는 '똑똑한 경제 그림책 시리즈'의 한 권이다. 이외에 혼자 살 수 있는 집을 마련하고 싶은 허니, 슈퍼 토끼 옷을 사서 세상을 구하고 싶은 처미 이야기가 있다.

열두 살에 부자가 된 키라 글 보도 섀퍼 | 그림 원유미 | 올파소

예쁜 집으로 이사했지만 빚에 허덕이는 부모님을 보며 마음 아파하던 키라는 상처를 입고 쓰러진 개를 만나 '머니'라는 이름을 붙여주고 정성껏 돌본다. 그런데 머니는 사람과 소통이 가능하고, 심지어 경제 상식도 풍부한 개였다. 키라는 머니의 도움을 받아 자신의 목표를 설계하고, 이루어 나가기 시작한다. 어린이 경제 동화로 꾸준히 사랑받는 책이다.

1+1이 공짜가 아니라고? 글 이정주 | 그림 강은옥 | 개암나무

편의점에서 간식을 사 먹거나, 쿠폰을 모으고, 인기 캐릭터가 있는 상품을 사는 등 아이들이 생활 속에서 한 번쯤 경험하는 사례를 동화로 보여주고, 그 이야기와 연결된 경제 개념을 설명한다. 일상 속 소비에 숨겨진 경제 원리를 깨달으며 합리적인 선택과 소비의 중요성을 배울 수 있는 책이다.

경제 신문

신문 사랑이 유별난 빌 게이츠는 신문의 장점을 두 가지로 꼽는다. 먼저, 신문은 좋아하는 것만을 보며 어느 한쪽으로 치우칠 수 있는 고정관념을 해결한다. 정치, 경제, 사회, 문화 등 여러 주제를 다루고 있어 원하는 내용이든 원하지 않는 내용이든 고루 접할 수 있다. 다양한 분야의 정보를 얻으며 그 속에서 스스로 관심과 흥미가 확장된다.

두 번째로, 신문을 보면 전 세계의 상황을 알 수 있다. 예를 들면 우리나라 신문에서 왜 미국 대선을 주요 기사로 다루는지, 바이러스 전염에 왜 가게들이 문을 닫는지 등 사회 유기적인 움직임을 이해하고 경제 흐름을 읽을 수 있다.

어린이 경제신문

아이가 한글을 읽을 수 있다면 경제 교육에는 단연 〈어린이 경제신문〉을 추천한다. 아이와 함께 신문을 읽고, 아이가 궁금해하는 내용은 간단히 설명해주자. 부모가 모르는 내용이라면 함께 찾아보는 과정도 교육에 도움이 된다.

하지만 신문에 나온 내용을 처음부터 끝까지 아이에게 설명하고 가르치려고 하면 안 된다. 아이는 부담을 느끼면 곧바로 흥미를 잃는다. 처음에는 아이가 신문에 친숙해질 수 있도록 그림 위주로 짚어가며 무슨 내용인지 설명해줘도 괜찮다. 그다음으로는 신문에 나온 경제 용어에 밑줄을 치며 아이와 함께 무슨 뜻인지 찾아보자. 용어만 익혀도 신문을 쉽게 이해할 만큼 경제를 읽는 능력이 발달한다. 〈어린이 경제신문〉은 일주일에 한 번 발행되며 연간 구독만 가능하다. 웹 사이트(www.econoi.com)를 통해서나 전화(02-714-7942)로 신청할 수 있다.

어린이 세금신문

〈어린이 세금신문〉은 국세청이 초등학생, 중학생 아이들의 세금 교육을 위해 만든 신문이다. 세금과 관련된 다양하고 유익한 정보가 담겨 있다. 퀴즈와 만화 등 아이들의 흥미를 돋우는 요소들이 가득하며, 어린이 기자단이 직접 아이의 눈높이에서 전하는 세금 이야기들도 재미있다. 기회가 된다면 아이가 어린이 기자단에도 참여해보게 하는 것도 좋다. 〈어린이 세금신문〉은 매달 발행되며, 어린이 국세청(kids.nts.go.kr) 사이트에서 무료로 볼 수 있다.

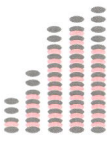
전문 기관의 콘텐츠로 실속 있게 배운다

무료 교육 자료를 100배 활용하자

부모가 아이에게 경제 교육을 하는 것도 이른바 홈스쿨링이다. 당연히 공부 자원이 부족할 수밖에 없고, 이제 막 아이와 함께 공부를 시작한 부모라면 무엇을 어떻게 가르쳐야 할지 갈피를 잡기도 힘들다. 그러다 보면 체계적으로 커리큘럼이 짜인 학교 교육에 맡기자는 식으로, 경제 교육을 나중으로 미루게 될 수 있다. 하지만 그건 결국 경제 교육을 포기하는 것과 마찬가지다.

마땅한 교재가 없어도, 프로그램을 짤 수 없어도 걱정하지 말자. 홈스쿨링에 참고할 수 있는 무료 프로그램과 자료들이 많다. 경제 교육을 언급하는 책들에서는 우리 사회적으로 경제 교육을 추진할 만한 기관이 마땅치 않다는 말을 많이 하지만 실상은 다르다. 한국은행, 국세청, 기획재정부 등 국가 전문 기관들이 수년 전부터 전 국민 경제 교육을 위해 심혈을 기울여 다양한 자료를 만들고 있다. 대부분 자료는 무료이며, 웹 사이트에서 바로 보기나 다운로드가 가능하다. 그래서 학교는 물론 가정에서도 자유롭게 활용할 수 있다. 자료는 아이의 경제 사고력을 키워줄 개념 설명부터 실전 지식까지 정리된 교재, 경제 활동을 간접 체험해볼 수 있는 놀이, 배운 내용을 실전에 적용해볼 수 있는 활동지까지 다양하다.

아는 만큼 가르칠 수 있다. 부모가 경제 지식이 부족해도, 그런 부족함을 뒷받침할 든든한 공부 자료들이 많으니 잘 이용하자.

경제 교육에 도움 되는 웹 사이트

기획재정부 어린이 경제교실

예산과 세금으로 우리나라 살림을 책임지는 기획재정부는 아이들이 어려서부터 경제에 관심을 갖고 금융 지식을 갖춘 어른으로 성장할 수 있도록 온라인 경제 교실을 만들었다. 현명한 경제생활을 위한 정보, 세계 경제학자가 쓴 칼럼, 경제 개념을 설명하는 그림과 사례 등 자료들이 알차다. 대부분 학교 교과 과정에서 배우는 내용들로 학교 교육과 연계해 배울 수 있다.

kids.moef.go.kr

한국은행

한국은행 웹 사이트에서도 어린이들을 위한 경제 교육 자료들을 볼 수 있다. 온라인 학습은 어린이, 청소년, 일반인으로 나누어져 있어 연령에 따라 이용이 가능하며, 대부분 영상 자료들이라서 아이들이 보기에 어렵지 않다.

단, 한국은행은 다른 사이트에 비해 이용하기 복잡하고 교육 자료의 수준이 어렵게 느껴질 수 있다. 그래서 부모들이 옆에서 아이가 필요한 교육 자료를 찾아볼 수 있도록 지도해주는 것이 좋다.

www.bok.or.kr

금융감독원 금융교육센터

기획재정부나 한국은행에 비해 비교적 덜 알려져 있지만 금융감독원의 교육 프로그램, 콘텐츠 수준도 우수하다. 은행, 보험사 등 범금융권에서 실시하는 체험관, 금융 캠프 정보를 한곳에서 보여준다.

온라인 교육, 오프라인 교육 자료들이 골고루 제공되어 원하는 상황에 맞춰 이용할 수 있다. 아이들의 경제 교육을 위한 자료는 물론 일상에서 즐길 수 있는 체험 교재, 교구도 제공한다. 교재와 교구는 사이트에서 다운로드할 수도 있고, 실물 교재를 신청해 받을 수도 있다.

금융감독원 금융교육센터의 프로그램 중 특히 눈여겨볼 것은 '1사 1교 금융 교육'이다. 학교와 금융 회사가 결연을 맺고, 금융 회사가 매 학기 지속적으로 금융 교육을 실시한다. 학교를 방문해 현장 교육을 하기도 하고 체험 교육, 관련 동아리 활동을 지원하기도 한다. 신청은 수시로 가능하며, 금융교육센터 웹 사이트에서 신청하면 된다.

www.fss.or.kr/edu/

어린이 국세청

이제 국세청은 어른들만을 위한 곳이 아니다. 어린이 국세청은 미래의 납세자인 아이들이 세금을 바르게 알고 중요성을 깨우치도록 세금과 관련한 다양한 정보를 제공한다. 세금 공부방에서는 어른들도 자칫 헷갈려하는 세금의 종류부터 잘 모르는 세금의 사용까지 일목요연하게 정리해 설명한다. 아이들이 세금에 대한 내용을 학습할 수 있는 자료도 무료로 제공한다. 세금 놀이터에서는 교육에 참고할 수 있는 동영상, 만화를 볼 수 있다. 〈어린이 세금신문〉도 어린이 국세청에서 무료로 볼 수 있다.

kids.nts.go.kr

KDI 경제정보센터

다양한 경제 정보를 수집, 분석하는 KDI 경제정보센터는 경제 교육 자료 제공을 통해 경제 안목을 높이는 활동도 하고 있다. 기획재정부와 함께 만든 생애 주기별 경제 교육 자료는 아동기, 청소년기, 청년기, 장년기, 노년기로 나눠져 있어 학습자의 연령대에 맞는 공부를 할 수 있다. 프로젝트 기반 학습은 초·중등 교사 지도서와 워크북이라는 두 가지 자료를 함께 제공해 학교에서도 경제 교육을 할 수 있게 돕는다.

KDI 경제정보센터의 장점은 기획재정부와 KDI가 만든 경제 교육 자료들이 이곳에 모여 있다는 것이다. 여러 곳에 흩어져 있는 자료들을 손쉽게 찾아볼 수 있다.

eiec.kdi.re.kr

　이처럼 경제 교육 프로그램과 자료를 제공하는 곳도 있지만 학교로 직접 찾아가 경제 교육을 하는 곳도 있다. 청소년금융교육협의회, JA Korea는 학교에서 신청을 하면 소속된 전문 강사들이 직접 해당 학교를 방문해 교육한다. 청소년금융교육협의회는 매일경제와 함께 '주말 어린이 금융교실'을, 하나카드와 함께 발달 장애 어린이를 위한 금융 교실을 운영하기도 한다. JA Korea는 유아부터 대학생까지 발달 단계와 교과 과정에 맞는 탄탄한 커리큘럼을 구성해 교육한다.

　이 밖에 아이들 대상은 아니지만 청년부터 시니어까지 어른들을 위한 경제 교육을 전문으로 하는 곳도 있다. 그중 서민금융진흥원 금융교육포털은 금융 상품, 투자, 세금 등 생활과 밀접한 금융 정보는 물론 건강한 경제생활을 하도록 무분별한 소비와 대출을 방지하는 교육도 하고 있다. 금융 생활을 상담하거나 테스트를 통해 금융 상식을 점검해볼 수도 있다.

　많은 부모가 아이의 경제 사고력, 금융 지식을 어떻게 키워줘야 할지 고민한다. 그 고민을 접어둘 만큼 알아두면 유용한 교육 프로그램과 자료들이 많다. 여기서 소개한 사이트들을 방문해 아이에게 무엇을 가르칠지 차근차근 살펴보고 선택하자. 어떤 것을 선택하든 전문 기관들이 만든 자료인 만큼 큰 도움이 된다.

경제는 동영상, 만화로 보면
더욱 재미있다

온라인 학습 시대, 경제도 유튜브로 배운다

말도 많고 탈도 많은 유튜브. 지금도 유튜브 시청으로 아이들과 실랑이를 펼치는 부모들이 많다. 혹시나 아이들이 깊이 빠져들지 않을까, 부모들이 모르는 사이 유해한 콘텐츠에 노출되지 않을까 걱정이 앞서기 때문이다.

하지만 생각해보자. 정보를 얻는 수단이 TV, 신문이었던 우리의 부모 세대도 우리가 컴퓨터로 정보를 얻고 소통하는 모습을 보며 지금 우리와 똑같은 반응을 보였다. 하지만 정말 인터넷 세상이 유해하기만 했는가? 그렇지 않다.

유튜브도 장점과 단점이 공존하는 플랫폼이다. 잘 이용하면 좋지만 무턱대고 이용하거나 무조건 막는다면 당연히 결과는 나빠질 수밖에 없다. 아이에게 초콜릿, 사탕을 절대 먹이지 않으려고 노력해본 경험이 있을 것이다. 그러나 부모가 먹지 못하게 하면 아이들은 부모 눈을 피해 몰래 먹는다. 유튜브도 어릴 때야 부모 통제로 시청을 못하게 할 수 있지만 아이들은 점점 부모 눈을 피해 몰래 볼 길을 찾을 것이다. 그러므로 부모가 유튜브의 장점을 제대로 인지하고, 그 장점을 살릴 방법을 찾는 게 가장 현명하다.

유튜브는 동영상 공유 플랫폼이다. 영상을 만들어 선보이는 제작자(판매자), 영상을 보는 구독자(소비자), 그 사이에서 이익을 찾는 광고주(기업)가 있다. 새로운 가치를 창출하기 위한 하나의 시장이기에 무수히 많은 정보가 모이고, 제작자는 구독자를 늘리고 기업의 광고 수익을 얻고자 구독자가 쉽게 이해하고 빠져들 수 있는 영상을 만든다. 방대한 내용을 간결하게 압축하거나 중요한 내용만 간추리는 등 내용 전달력이 뛰어난 이유다. 그래서 아이가 흥미를 갖지 못하거나 어렵게 느끼는 학습 분야, 교과서에 나와 있지 않은 내용을 아이에게 가르칠 때 유튜브를 활용한다면 긍정적인 효과를 기대할 수 있다.

유튜브의 장점을 제대로 누리자

아이 공부에 자주 언급되는 성공 비결은 책을 많이 읽히고, 다양한 영상 콘텐츠를 보게 하고, 매일 꾸준히 공부하게 하는 것이다. 앞서 책과 신문 읽기로 아이가 경제 개념을 자연스럽게 익혔다면 다음은 영상 보기다.

먼저, 무엇을 배울지 확실한 주제를 정해야 한다. 유튜브에서 영상을 보는 방법은 검색해서 찾거나 추천을 받는 것이다. 뭘 봐야 할지 모른 채 유튜브를 이용한다면 당연히 추천 영상에만 이끌릴 수밖에 없다. 추천 영상의 늪에 빠져 시간을 허비하지 않으려면 구독 채널을 미리 설정해두거나 필요한 검색 키워드(경제, 금융, 경제 교실, 경제 교육 등)를 정해두는 것이 좋다. 재생 목록을 만들어도 좋다. 주제별로 재생 목록을 만들어두고 볼 영상들을 목록에 추가하자.

하지만 유튜브는 적합한 영상만을 추천받거나 유해한 영상을 완전히 차단하는 게 현실적으로 불가능하다. 그래서 아이가 유튜브를 볼 때는 자동 재생 기능을 꺼두기를 추천한다. 영상을 재생한 다음 해당 화면을 한 번 터치하면 오른쪽 상단에 여러 개의 버튼이 보인다. 그중 동그라미 안에 화살표가 그려진 모양이 바로 자동 재생 버튼이다. 눌러서 일시 정지 모양으로 바꾸면 자동 재생을 비활성화시킬 수 있다. 설정에서도 자동 재생을 끌 수 있다. 유튜브 홈 화면에서 상단 프로필을 누른 다음 설정에 들어가 자동 재생 부분의 버튼을 눌러서 비활성화시키면 된다.

다음은 시간 선택이다. 태어날 때부터 TV, 스마트폰, 태블릿, 컴퓨터 등 디지털 기기에 익숙한 요즘 아이들은 자극적이고 속도가 빠른 영상에 이끌린다. 당연히 재생 시간이 긴 영상을 집중해서 보기는 힘들다. 처음에는 재생 시간이 짧은 영상부터 시작하자.

시간 선택에는 영상 시간 외에도 시청 시간이 포함된다. 시청 시간은 각 가정에서 부모와 아이가 협의를 해서 정하자. 1주에 몇 번, 몇 분씩 볼지 구체적으로 정하는 것이 좋다. 시청 시간을 정했으면, 아이가 영상을 보기 전 '시청 중단 시간 알림'을 설정하자. 프로필 설정의 일반 메뉴에 들어가면 할 수 있다. 시간은 최소 5분부터 최대 23시간 55분까지 설정할 수 있다. 아이가 유튜브를 보다가 설정한 시간이 되면 재생 중단을 요구하는 알림이 울린다.

마지막으로 되도록 부모와 아이가 함께 시청한다. 특히 아이가 어릴수록 부모의 참여가 중요하다. 말이 서툰 아이의 경우 부모가 옆에서 영상의 내용이나 영상 속 그림을 직접 설명해주면 어휘력과 인지력 향상에 도움이 된다. 함께 본 영상 내용은 나중에 대화를 통해 다시 한 번 되짚어주자. 번거롭더라도 아이가 올바른 사용 습관을 익히기 위해서는 부모의 노력이 필요하다.

경제를 배우기 좋은 유튜브 채널

유튜브에는 어른들을 위한 주식, 부동산 관련 콘텐츠뿐만 아니라 아이의 경제 교육을 위한 콘텐츠도 있다. 금융 전문 기관이 만든 채널부터 유명 키즈 채널까지 다양하니, 두루 살펴보고 구독 채널을 골라보자.

한국은행

한국은행 유튜브는 재생 목록이 대학생과 일반인, 중·고등학생, 초등학생별로 나누어져 있어 연령에 따라 콘텐츠를 선택해 볼 수 있다. 초등학생 경제 교육용으로는 돈의 개념과 저금의 의미를 흥미롭게 알려주는 만화 2편과 필수 경제 개념을 소개하는 영상 21편이 준비되어 있다.

기획재정부

기획재정부는 2010년부터 매년 영상을 통한 경제 교육을 실시하고 있다. '어린이 경제교실'은 영상 한 편당 짧게는 2~3분, 길게는 5~6분으로 구성되어 있어 집중력이 약한 아이가 보기에 좋다. 경제 개념을 아이 눈높이에 맞춰 쉽게 설명한다.

'흥미딘딘 경제교실'은 중·고등학생을 대상으로 한 경제 교육 콘텐츠로, 아이들에게 친숙한 래퍼 딘딘이 재치 있는 입담으로 청소년이 알아야 할 경제 개념을 설명한다. '흥미딘딘 경제교실'은 연합인포맥스 유튜브 채널에서 바로 볼 수 있다.

하나TV

하나은행은 유튜브에서 동화 내용을 각색한 어린이 금융 콘텐츠 '경제동화머니'를 선보이고 있다. 대부분의 영상 콘텐츠가 만화인데 하나은행은 개그맨과 뮤지컬 배우들이 등장해 신나는 율동으로 재미와 생동감을 더한다.

어린이 국세청씨앗 TV

국세청이 어린이들의 세금 교육을 위해 만든 유튜브 채널이다. 세금이 우리 생활에서 어떻게 사용되고 있는지를 살펴보며 세금의 중요성을 깨닫게 한다. 아이들이 쉽고 재미있는 이야기 속에서 세금에 관심을 가질 수 있다.

지니키즈

아이들을 위한 동화, 동요 콘텐츠로 많은 사랑을 받고 있는 지니키즈에서 똑똑한 어린이가 되기 위한 경제 교육 콘텐츠도 만날 수 있다. 하지만 다른 채널과 달리 채널 재생 목록에서는 해당 영상들을 찾기 힘들다. 검색창에서 '지니키즈 경제 교육' 또는 '지니키즈 금융 탐험'을 검색하면 손쉽게 볼 수 있다.

이젠 경제도 만화로 배운다

스토리가 너무 재미나서 읽다 보면 자연스럽게 배우고 깨닫는 것이 만화의 장점이다. 그래서 오래전부터 공부와 만화를 결합한 학습 만화가 꾸준히 만들어지고, 많은 부모와 아이가 즐겨 읽고 있다. 어휘력을 길러주는 한자나 외국어 만화, 과학이나 역사 상식을 재미있게 설명하는 만화 등 종류는 다양하다.

만화책은 독서가 아니라고 생각하는 부모라면, 아이에게 학습 이전에 배움의 즐거움을 느끼게 하는 것이 중요하다는 사실을 깨닫기 바란다. 사고가 유연하고 호기심이 많은 시기의 아이들에게는 정형화된 학습보다 사고를 확장시킬 수 있는 교육이 필요하다.

국어, 외국어, 수학, 과학에 비해 학습 기회가 현저히 적은 경제는 아이들에게 낯설고 어렵게 느껴질 수 있다. 그럴 때 딱딱하고 어려운 경제 개념을 만화에 담으면 보다 쉽고 빠르게 이해할 수 있다. 이미 그런 책들이 시중에 다양하게 나와 있다.

구해줘 카카오프렌즈 경제 글 한유진, 강민희 | 그림 유희석 | 메가스터디북스

두 권으로 이루어진 시리즈로, 1권에서는 경제 교육의 큰 줄기인 화폐, 시장, 금융에 대해, 2권에서는 금융과 가계, 기업에 대해 다룬다. 아이들이 좋아하는 카카오프렌즈 캐릭터 만화로 어려운 개념을 재미있게 설명하고, 개념 정리와 퀴즈로 구성된 학습 코너에서 배운 내용을 응용하고 복습하게 한다. 아이들 교육 전문 출판사가 만들어 모든 내용은 교과 과정과 연계되어 있다. 저자 역시 학습 분야에서 실력을 인정받은 일타 강사(일등 스타 강사)다.

경제를 알면 세상이 보여! 글 제자벨 쿠페 수베랑 | 그림 오리안 뷔 | 미세기

경제학자이자 프랑스 국제경제연구소 편집 고문인 저자가 딸을 위해 쓴 경제 만화이다. 그래서 아이들이 실제로 던질 법한 질문들이 가득하다. 책의 내용은 연금, 경제 활동, 퇴직 등 기본 경제 개념부터 로봇화, 세계화, 지구 온난화, 브렉시트 등 최신 경제 이슈까지 포함한다. 경제 입문서라고 하지만 조금 난도가 높은 편에 해당하므로 어느 정도 경제 교육을 받았거나 초등학교 고학년 이상의 아이들이 보기를 권한다.

맘마미아 어린이 경제왕 원저 맘마미아 | 글·그림 이금희 | 진서원

베스트셀러 맘마미아 시리즈를 아이들이 읽을 수 있도록 만화로

만들었다. 내용도 200원 재테크, 포인트 적립, 공병 재활용 등 아이들이 실천 가능하게 각색했다. 구체적인 용돈 관리법을 알려주지만 거기에 초등 교과 내용을 접목해 학습 효과도 충분히 누릴 수 있다.

이외에도 경제를 쉽게 풀어 쓴 학습 만화가 많다. 그리고 최근에는 스마트 기기를 일상에서 자유롭고 밀접하게 사용하는 아이들을 위해 온라인에서 볼 수 있는 웹툰, 영상 만화도 있다.

지니의 금융램프

초등학교 고학년에서 중학생 눈높이까지 맞춘 경제 교육용 만화이다. 마법 램프에서 나온 지니가 삶에 필요한 금융 지식과 원리를 아이들에게 설명하는 내용이다. 총 18화로 구성되어 있으며 통장 만들기, 투자하기 등 실전 교육부터 금융 기관의 역할, 서브프라임 모기지 사태 등 금융 상식까지 두루 포함하고 있다. 한국은행과 기획재정부 경제배움e 웹 사이트에서 볼 수 있다.

파이와 머니의 좌충우돌 경제탐험

한국은행이 만든 웹툰으로 일상에서 요긴하게 쓸 수 있는 경제 원리 10가지를 쉽고 재미있게 설명한다. 주인공 파이와 머니가 일상생활에서 부딪치는 여러 경제 문제를 서로 도와 지혜롭게 해결하는 과정을 보여준다. 한국은행과 기획재정부 경제배움e 웹 사이트에서 볼 수 있다.

사람이 되고 싶어요

기획재정부가 만든 청소년 교양 웹툰으로 어려운 경제 용어를 만화로 쉽게 풀어 설명한다. 숲속 동굴에서 살아가는 소꿉친구, 익호(호랑이)와 노미(곰)는 인간 세상을 동경하지만 경제를 알지 못해 막상 내려가면 먹고살 일이 막막하다. 그들을 가엾이 여긴 구니 할배는 100일 동안 인간 세상의 경제 용어를 익히면 '경잘알' 인간이 되게 해주겠다고 약속한다. 기획재정부 경제배움e 웹 사이트와 웹툰을 그린 하마탱 작가의 블로그에서 무료로 볼 수 있다.

세금 서유기

국세청이 아이들의 세금 교육을 위해 만든 만화다. 손오공이 염라대왕에게 빼앗긴 세금을 되찾아 마을을 재건하는 내용이다. 영상으로 만들어져 네이버 TV, 어린이 국세청 웹 사이트에서 무료로 볼 수 있다. 책도 있는데 공공 도서관에서 대출하거나 중고 서점에서 구매해 볼 수 있다.

놀이를 통해 경제 습관을 기른다

놀이도 하고 경제 공부도 하는 일석이조의 교육

돈을 많이 버는 것만큼 돈을 올바르게 쓰는 것도 중요하다. 즉, 적절한 소비가 이루어져야 한다는 의미다. 경제 교육에 있어 부모들의 공통된 생각도 합리적인 소비 습관을 들여야 한다는 것이다. 이야기, 영상을 통한 경제 교육은 마음 자세나 경제 개념을 익히기는 쉬워도 습관을 들이기에는 부족할 수 있는데 습관 교육에, 특히 소비 습관을 들이는 데 좋은 방법이 바로 놀이다.

스무고개

스무 번까지 질문을 하면서 문제의 답을 알아맞히는 놀이다. 먼저, 아이에게 "아빠(엄마)가 이 세상에서 가장 좋아하는 사람은?"이라는 비교적 간단한 질문을 하며 아이의 정답을 유도한다. 아이가 답을 맞추면 칭찬해주고, 반대로 이번에는 아빠(엄마)가 아이가 내는 퀴즈를 맞춘다.

이후 점점 퀴즈를 구체적으로 발전시킨다. 좋아하는 음식이나 사고 싶은 물건 등 퀴즈 주제의 범위를 좁혀 나가고, 퀴즈마다 5번, 10번, 20번 등 질문할 수 있는 횟수를 정한다. 아이가 자라서 논리적인 설명이 충분히 가능한 나이가 되면 질문에 '예', '아니오'만으로 대답한다.

하지만 아이가 어릴 때는 정답을 알아낼 수 있도록 부연 설명을 해주자. 예를 들어 "아빠(엄마)가 이 세상에서 가장 좋아하는 사람은?"이라는 질문에 아이가 정답을 찾지 못한다면 "여기에서 가장 나이가 어린 사람이야"라고 설명해주는 것이다. 스무고개의 목적은 아이가 정답을 찾아가는 과정을 습득하게 하는 것이다. 아이가 퀴즈를 맞추는 과정에서 엉뚱한 질문을 하거나 정답을 잘 맞추지 못해도 혼내서는 안 된다. 맞다, 틀리다로 가르치려고 해서도 안 된다. 성심성의껏 대답해주며 아이가 정답을 맞출 수 있도록 이끈다. 아이가 말한 답변을 듣고 역으로 왜 그렇게 생각하는지 물어봐도 좋다.

이 놀이는 아이가 자신의 생각을 도출하고, 정리하는 데 도움이 된다. 아이가 소비를 할 때 정말 필요한지, 왜 필요한지 그 이유와 필요성을 스스로 인지하게 돕는다. 아이에게 소비를 가르치는 4단계(28쪽 참조) 중 첫 번째 단계 '목표 정하기'에서 이 놀이를 해도 좋다.

숨은 물건 찾기

장난감 망원경 또는 돋보기 교구를 가지고 우리 집에 필요 없는 물건을 찾아오는 게임이다. 아빠(엄마)가 먼저 시범을 보이자. 냉장고를 열어 평소 잘 먹지 않는 간식이나 유통 기한이 지난 물건, 사두고 잘 사용하지 않는 물건, 장난감 등을 찾아온다. 그리고 그 물건을 고른 이유를 아이에게 설명해주자. 다음은 서로 경쟁하듯 정해진 시간 내에 집 안에서 필요 없는 물건을 찾아오고, 서로 그 이유를 이야기한다.

이 놀이의 목적은 누가 물건을 더 많이 찾는지 시합하며 우리 집에 정작 필요한 물건과 필요하지 않은 물건을 되짚어보는 시간을 갖는 것이다. 이후 일상에서 소비 활동을 할 때 놀이에서 찾았던 필요 없는 물건이 보이면 "이건 사도 안 쓸 거야. 우리 물건 찾기에서 필요 없는 물건이었잖아"라고 놀이의 기억을 되살리며 불필요한 소비를 자제할 수 있다. 놀이가 끝난 다음 안 쓰는 물건이나 장난감은 아이와 함께 벼룩시장이나 중고 시장에 팔아보는 것도 좋다.

내가 쇼핑왕

이 놀이는 수의 개념을 알고, 한글 읽기가 능숙한 아이들이 할 수 있는 놀이이다. 마트에 갔을 때 장 볼 목록 중에서 물건을 하나씩 정해 누가 더 좋은 물건을 발견하는지 시합하는 놀이이다.

예를 들어 1,000ml 용량의 우유를 2팩 사야 한다면 가장 합리적인 가격의 우유를 찾는 것이다. 서로 발견한 우유 중 어느 쪽의 가격이 더 합리적인지 이야기를 나누며 확인해보자. 가격만 저렴하고 유통 기한이 너무 짧지 않은지, 그래서 다 못 먹고 버릴 가능성은 없는지 등을 살피는 것이다. 승리의 보상으로 이기는 쪽에 원하는 간식을 하나 살 수 있는 기회를 줘도 괜찮다. 또는 이 놀이로 절약한 돈만큼 이기는 쪽에 상금을 줘도 좋다.

아이와 마트에 함께 갈 때마다 놀이를 통해 가격, 품질 등 여러 조건을 비교하며 물건을 고르는 습관을 들일 수 있다.

보드게임

놀이는 아이의 연령에 따라 난이도를 조절해주어야 한다. 앞에서 소개한 놀이들도 아이가 어릴 때는 재미있어하지만 자라거나 놀이에 익숙해지면 지겨워하며 참여하지 않을 수 있다. 그때는 여러 규칙을 외워야 하는 보드게임을 해보자.

개인적으로는 부루마블, 모두의마블, 타워마블, 호텔왕게임, 부자만들기 보드게임을 추천한다. 모두 가상의 돈을 통해 직접 투자하고 수익을 얻으며 경제 활동을 간접적으로 경험할 수 있는 게임들이다. 돈을 벌고 잃는 게임 과정 속에서 아이들은 어떤 선택을 해야 이로운 대가가 돌아오는지를 체험한다. 게임 중에 대출, 창업 등 아이에게 어려운 단어가 나오면 부모가 설명으로 이해를 도와주어야 한다.

절약 습관도 놀이로 배울 수 있다

가정도, 사회도 풍요로운 환경에서 자란 아이들에게 '절약'은 저축보다 어려운 일일 수 있다. 더욱이 절약은 고차원적인 능력에 해당한다. 절약하려면 소비에서 얻는 즉각적인 즐거움을 포기해야 하고, 절약으로 인한 대가(보상)를 얻을 때까지 참아야 한다. 그러다 보니 아이에게 가르치기가 쉽지 않다. 부모는 일상에서 "아껴라" 말로 하기 일쑤고, 아이는 이를 귀가 닳도록 듣는 잔소리로 치부한다.

그럼 아이에게 절약을 어떻게 가르쳐야 할까? 빌 게이츠는 어린 시절부터 아버지에게 부자는 허영에 빠져 소비를 자제하지 못하는 사람이 아니라 자신의 생활과 소비를 적절하게 관리하는 사람이라고 배웠다. 우리가 익히 아는 부자들에게는 절약하는 습관이 몸에 배어 있다. 한마디로 절약은 말로 한다고, 교훈으로 배운다고 할 수 있는 게 아니다. 일상에서 오랫동안 되풀이하며 저절로 몸에 익혀야 한다.

치약 짜기

예능 방송에서도 자주 나와 아이들에게도 익숙한 놀이다. 거의 다 써서 버리기 직전의 치약을 가지고 아이와 누가 더 많이 치약을 짜낼 수 있는지 시합해보자. 겉보기에 더는 안 나올 것 같은 치약도 꾹꾹 눌러 짜면 계속해서 나온다. 놀이를 통해 물건을 남김 없이 사용하는 습관을 들일 수 있다. 놀이를 하지 않더라도, 버리기 직전의 치약을 아이와 함께 가위로 잘라 안에 남은 양이 있는지 확인해보자. 버리려던 물건도 얼마든지 더 사용할 수 있다는 인식을 일깨워줄 수 있다.

우리 집 절약왕

언제든 수도꼭지를 틀면 물이 나오고, 스위치를 누르면 불이 켜지는 줄 아는 아이에게 우리가 일상에서 쓰는 모든 자원이 무한하지 않으며, 사용하는 만큼 돈을 내야 한다는 사실을 알려주어야 한다.

고지서로 사용량과 금액을 알 수 있는 수도, 전기를 누가 많이 아끼는지 절약왕을 뽑는 놀이를 해보자. 절약왕은 가족이 한 달간 절약한 금액만큼 상금을 받을 수 있다.

종이나 보드에 수도, 전기별로 가족 구성원의 이름을 적고 표를 만든다. 그런 다음 절약의 기준을 정하자. 예를 들면, 불 켜진 방의 불을 끈 사람은 스티커 1개, 양치나 세수할 때 물을 받아서 쓴 사람은 스티커 1개를 표에 붙일 수 있다. 컴퓨터나 TV 등 전자 제품 이용 시간을 절약의 기준으로 정해도 좋다. 약속한 이용 시간보다 일찍 껐을 때 스티커를 더 붙이는 것이다.

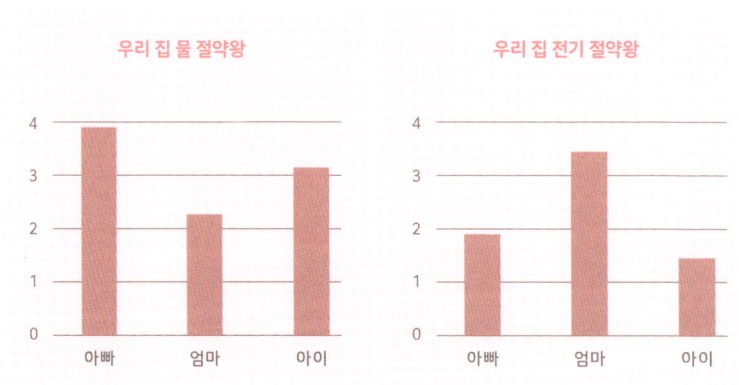

이렇게 시각적으로 얼마만큼 절약했는지를 보여주고, 한 달이 지나 고지서를 받으면 지난 달에 비해 이번 달의 사용량이 얼마나 줄었는지, 그래서 얼마만큼 돈이 절약되었는지 함께 이야기해보자.

보물 모으기

더 이상 읽지 않는 책, 빈 병 등 집에는 버리면 재활용 쓰레기가 되지만 모으면 돈이 되는 물건들이 있다. 집 안에 되팔 수 있는 것들을 모으는 보물 상자를 만들자. 아이에게 어떤 보물이 돈으로 바뀌는지 알려주고, 매주 또는 한 달간 보물을 모은다. 상자 가득 쌓이면 되팔 수 있는 곳으로 가져가 돈으로 바꾼다.

책은 모아서 주변의 재활용 센터나 중고 서점에 가져가면 무게나 시장 가격에 따라 돈을 받을 수 있다. 빈 병도 마트나 가게에 되팔면 병당 가격에 따라 돈을 받을 수 있다. 그렇게 받은 돈은 따로 저금통을 만들어 차곡차곡 모아도 좋고, 아이의 다음 달 용돈에 더해주어도 좋다. 참고로 병은 라벨에 적힌 사용처에 따라 팔 수 있는 곳과 없는 곳이 구분된다. 대략적으로 가정용 병은 동네 마트나 편의점, 대형 매장용 병은 대형 마트에 되팔 수 있다. 한 번에 되팔 수 있는 수량은 1인당 30병까지 제한되어 있다. 그리고 미리 방문할 곳에 전화해 병을 되팔 수 있는지 반드시 확인하는 것이 좋다.

소소한 놀이로 아이에게 절약하는 습관을 만들어줄 수 있지만 어느 정도 자란 아이들은 놀이로 가르치기 어려운 경우도 있다. 그럴 때는 절약이 자기 자신, 가정, 환경을 위해 필요한 것임을 깨닫게 해주는 체험을 하게 해보자. 예를 들면 에너지의 날 자체적으로 전등 끄기를 실천하는 것이다. 아이에게 에너지의 날이 왜 생겼는지 그 의미를 설명해주고, 정해진 시간 동안 집 안의 불을 모두 끈다. 단 5분이라도 아이는 앞이 잘 보이지 않고 아무것도 할 수 없는 상황에 불편함을 느낄 것이다.

시간이 지나면 불을 다시 켜고 우리가 에너지를 절약하지 않았을 때 겪을 수 있는 문제들을 말해주자. 가정에서 에너지를 절약할 방법들을 서로 이야기해보고, 지켜 나가자고 약속하는 과정을 거쳐도 좋다.

아이가 잘 자라기 위해서는 부모의 관심과 도움이 필요하다. 교육 역시 마찬가지다. 무조건 해야 한다고 아이를 밀어 넣기보다 부모가 아이와 함께 교육에 참여하는 게 좋다. 경제 교육도 마찬가지다. 모르면 함께 배우고, 아는 내용은 아이에게 가르쳐주기를 바란다. 그리고 아이와 대화를 많이 하자. 아이들은 배울수록 많은 궁금증이 생긴다. 부모가 그 궁금증에 함께 고민하고 대답해주면 아이의 교육은 성공의 결실을 맺을 수 있다.

02

경제
자립심을
키우는
실전법

아이편

진정한 배움은
경험에서 시작된다

돈의 감각을 일깨우는 실전 경험

경제 사고력을 기르는 데 가장 필요한 건 아이들이 돈에 흥미를 갖게 하는 것이다. 처음부터 어려운 용어를 언급하며 아이에게 설명하려고 들면 아이는 흥미를 갖기 전에 지루함을 느끼고 물러설 것이다. 그래서 앞서 아이들의 경제 사고력을 기르는 공부법으로 책, 영상, 웹툰, 놀이 등 아이가 흥미를 느낄 만한 방법 위주로 설명했다. 돈의 감각을 일깨우는 준비 운동을 한 셈이다.

    하지만 어느 정도 경제를 배운 아이도 성인이 되면 대부분 최소한의 경제 활동을 하며 살아간다. 배운 대로 실천이 어렵기도 하고, 배운 내용과 실제 경제 활동 사이에 큰 차이가 있기 때문이다. 그러다 적극적인 경제 활동으로 부자가 되는 사람들을 보며 그렇게 살아보고자 다시금 뛰어들지만 무엇을 해야 할지 몰라 방황한다. 누군가 제대로 돈 버는 방법을 알려줬다면, 쓰는 방법을 알려줬다면, 모으는 방법을 알려줬다면…. 눈과 머리로만 배우고, 직접 경험해보지 않은 공부는 아무 쓸모가 없다. 지속적으로 실전 경험을 하며 경제적으로 독립할 수 있는 능력을 길러야 한다.

건강한 경제 활동을 하기 위해서도 실전 경험이 필요하다. 최근 들어 주식 열풍, 부동산 열풍이 불면서 당장 눈앞의 이익을 위해 투기 성향의 투자를 하는 사람들이 많아지고 있다. 그런 성향의 투자는 단기적으로는 이익을 맛볼 수 있어도 장기적으로는 결국 손실을 입거나 하나 마나 한 수준의 적은 이익을 얻을 뿐이다.

요즘 경제 교육, 돈 공부 관련 책들을 보면 아이에게 경제 개념을 쉽게 알려주고, 저금통에 모은 돈을 은행에 가지고 가 계좌를 개설하는 정도의 경험을 시키라고 말한다. 물론 경제 교육에 없어서는 안 되는 부분이지만 은행 계좌를 개설하는 건 경제를 배우든 안 배우든 성인이 되면 누구나 해야 하는 일이다. 여기서 더 나아가 다양한 활동을 체험해봐야 한다.

아이가 취학 전이나 초등학교 저학년이면 실전 경험을 하기 너무 이르다고 생각할 수도 있다. 그런 경우에는 아이가 해볼 만한 방법들만 우선적으로 골라 경험하게 해도 충분하다. 그다음 적당한 나이가 되면 여기서 소개하는 실전 방법들을 하나하나 단계별로 경험하게 하자. 경제 교육에 이른 때란 없다. 실전도 마찬가지다. 기회가 되었을 때, 마음을 먹었을 때 시작하면 된다.

STEP 1
용돈으로 시작하는 자산 관리

쓰고 모으고 불린다

아이가 어릴 때 용돈 교육을 중요시하는 이유가 무엇일까? 흔히 재테크의 프로세스로 소득 늘리기, 지출 줄이기, 저축 늘리기, 투자하기를 말한다. 벌고, 쓰고, 모으고, 불리는 과정이 끊임없이 반복되어야 자산이 늘어나면서 부의 궤도에 올라탈 수 있는 것이다. 이 프로세스를 익힐 수 있는 첫 경험이 바로 용돈이다. 용돈을 받는 순간 아이에게는 소득이 생기고, 용돈을 쓰는 순간 지출이 생긴다. 여기서 부모의 권유나 가르침으로 저축이나 투자의 기회가 생기기도 한다.

만약 지금까지 용돈을 아이에게 주는 공돈, 학교 생활에 필요한 경비, 소비 습관을 들이는 도구라고만 생각했다면 그 관점을 바꾸자. 용돈은 아이가 돈을 쓰고 모으고 불리는 재테크 프로세스를 익히는 좋은 경험장이다. 아이가 그 프로세스를 잘 구축하면 어른이 되어서도 안정적으로 부를 모으는 인생을 살 수 있다.

용돈에도 원칙이 있다

대부분의 부모는 아이가 가지고 싶은 물건을 자주 사달라고 하거나 천 원, 이천 원씩 돈을 달라고 할 때 아이에게 용돈 교육을 시작해야 할 필요성을 느낀다. 그리고 용돈을 언제부터 주면 좋을지 고민하는데, 사실 용돈 교육에서 '시작 시기'는 그다지 중요하지 않다.

여러 책에서도 시기에 대한 의견은 분분하다. 그만큼 아이의 소비 욕구가 왕성해질 때 해도, 학교에 입학할 때 해도 좋다. 부모가 아이에게 용돈 교육이 필요하다, 중요하다는 생각이 들 때 시작하면 된다. 단, 아이에게 용돈을 주고자 한다면 사전에 용돈에 대한 원칙을 바로 세우고 지켜야 한다. 그래야 용돈 교육의 효과를 제대로 얻을 수 있다.

집안일의 대가로 주어서는 안 된다

아이가 소소한 집안일을 하면 용돈을 주는 부모들이 있다. 세상에 공돈은 없고, 일을 해야 돈을 받을 수 있다는 점을 이해시킬 수는 있겠지만 용돈 교육에는 좋지 않다. 가족이라면 당연히 분담해야 하는 집안일도 용돈을 받는 수단으로만 여겨질 수 있다. 그리고 아이의 소득이 비정기적이며 불규칙해진다. 일을 많이 할 때는 많이, 적게 할 때는 적게 받는 것이다. 그러면 지출이나 예산 계획을 세우기도, 돈이 들어오고 나가는 흐름을 배우기도 어렵다.

용돈은 정기적으로 약속한 금액을 주고, 용돈이 부족한 상황이 생겼을 때 필요한 돈은 집안일을 더 도와 충당할 수 있게 하자. 추가로 돈이 필요한 경우에 무슨 일을 해야 돈을 받을 수 있는지 미리 정해두자.

일관성이 있어야 한다

용돈을 받는 날짜, 금액, 기간 등을 정하고 반드시 지켜야 한다. 지급 주기는 처음에는 일주일에 한 번으로 시작해 점차 늘려간다. 이때 아이가 어리다면 부모가 용돈 금액을 정할 수도 있지만, 어느 정도 소비 활동이 자유롭고 활발한 나이라면 아이와 대화를 통해 용돈 금액과 지급 시기를 정하는 것이 좋다.

단순히 "얼마가 필요해?"라고 묻기보다 아이에게 핸드폰 요금, 학원비, 학용품비 등 매달 지출되는 고정 비용과 일상에서 개인적으로 지출하는 비고정 비용을 설명해주고 서로가 생각하는 용돈의 규모를 이야기 해보자.

부모가 자신의 경우를 예로 들어 설명해줘도 좋다. "아빠(엄마)는 한 달 동안 회사에 20일을 출근하는데 점심값, 교통비가 들어. 점심은 하루에 만 원씩 20일을 기준으로 20만 원, 교통비는 왕복 5천 원씩 20일을 기준으로 10만 원이야. 여기에 각종 비용으로 10만 원을 더해서 매달 40만 원씩 용돈을 받고 있어"라는 식으로, 부모의 이야기를 참고해 아이가 직접 용돈을 산정해보는 것도 하나의 방법이다.

현금으로 주어야 한다

앞서 외국의 경우 아이의 용돈을 계좌에 입금하고, 계좌와 연동된 체크카드를 아이에게 준다고 말했다. 이 방법은 아이가 용돈 교육에 어느 정도 적응을 한 상태일 때 적합하다. 만약 용돈을 처음 주거나 용돈 교육 초기라면 반드시 용돈을 현금으로 주어야 한다.

처음에는 되도록 현금을 사용하게 하고, 돈을 쓸 때마다 얼마만큼 돈이 남았는지 직접 확인하게 하자. 체크카드로 용돈을 쓰는 청소년의 경우에는 체크카드를 쓸 때마다 통장 잔액을 알려주는 문자 메시지 서비스를 신청해두자. 해당 은행의 앱을 깔아 알림 서비스를 받아도 좋다. 수시로 잔액 확인이 가능해 용돈 관리에 도움이 된다.

용돈 교육의 시작은 계약서 작성이다

용돈은 아이와 약속한 날짜에 약속한 금액을 꼭 주어야 한다. 제대로 원칙을 세우지 않은 채 용돈 교육을 시작하면 점점 기준이 사라지고 그때그때 필요한 돈을 받아가는 방식으로 되돌아갈 수도 있다. 그럼 용돈 교육의 효과가 없다.

용돈은 아이와 부모의 약속이다. 그래서 단순히 구두로 정하기보다 간략하더라도 약속한 내용을 종이에 적어두거나 계약서를 만들어두면 좋다. 부모의 입장에서는 정해진 날짜에 약속한 금액을 용돈으로 지급하는 의무감이 더해지고, 아이 입장에서는 부모님과 약속해 받는 만큼 용돈에 더 강한 책임감을 느낄 수 있다.

용돈 계약서

1. 이 계약서는 부모 ___와 자녀 ___의 용돈 계약서이다.
   - 용돈 받는 날짜: 매월 1일
   - 용돈 금액: 5만 원
   - 용돈 계약 기간: 202*년 1월 ~ 12월

2. 용돈은 다음과 같이 배분하여 쓴다.
   - 소비: 3만 원(60%)
   - 저축: 1만 원(20%)
   - 투자: 5천 원(10%)
   - 기부: 5천 원(10%)

3. 용돈을 받기 전 계획을 세워서 제출하고, 매월 용돈 기입장을 작성한다.

4. 용돈을 받고 약속한 날이 되기 전에 다 써도 가불은 절대 안 된다.

5. 부족한 돈은 홈 아르바이트로 벌어 충당할 수 있다(단 월 __회만 가능).
   - 세차 돕기: 1,000원
   - 설거지: 1,000원
   - 분리수거: 500원

6. 부모 ___와 자녀 ___는 위 내용을 성실하게 지킨다.

7. 계약서 내용은 부모 ___와 자녀 ___간 서로 협의를 통해 바꿀 수 있다.

년 월 일
계약자: 부모   (인)
         자녀   (인)

계약서를 작성할 때는 기본적으로 용돈 지급 시기와 금액을 정확하게 적고 용돈의 사용 범위, 용돈이 부족할 때 대처법, 용돈을 제대로 관리하지 못했을 경우 수행할 벌칙 등을 추가해도 좋다. 작성한 계약서는 부모와 아이 모두가 잘 볼 수 있는 곳에 두자.

용돈 활용 계획서를 작성하자

아이들은 어릴수록 필요보다 욕구에 이끌려 소비를 한다. 그래서 용돈 교육을 통해 필요와 욕구를 구별할 수 있는 능력을 길러주고, 합리적인 소비를 할 수 있게 해야 한다. 만약 이 시기 아이들에게 합리적인 소비 습관이 형성되지 않으면 성인이 되어서도 무분별한 소비, 충동 소비를 할 가능성이 높다.

먼저, 아이에게 필요와 욕구에 대해 설명해주자. 필요는 반드시 있어야 하는 것이며, 욕구는 있든 없든 문제가 되지 않는 것을 말한다. 용돈 계약서를 작성한 아이는 매달 받는 돈이 한정되어 있다는 사실을 깨달을 것이다. 아이에게 한정된 용돈 안에서 모든 것을 다 살 수는 없으며, 만약 가진 용돈을 다 써버리면 정말 필요한 것을 살 수 없다고 말해주자. 그리고 정말 필요해 사고 싶은 것과 없어도 괜찮지만 사고 싶은 것을 구분해 우선순위를 정해야 필요한 것을 가장 많이 얻을 수 있다고 알려주자. 그런 다음 아이가 용돈 활용 계획서를 통해 필요와 욕구를 구분하는 연습을 하고 합리적인 소비 습관을 익히게 돕는다.

서술형

용돈을 어디어디에 쓰겠다고 자유롭게 작성하는 방식이다.

간략형

예상 수입, 예상 지출을 구분한 다음 각각 해당하는 내용과 금액을 적는다. 용돈 기입장과 구성이 비슷해 추후에 용돈 기입장을 쓸 때 도움이 되고, 계획과 실제 지출의 차이를 쉽게 파악할 수 있다.

예상 수입	금액	예상 지출	금액
합계		합계	

통합형

용돈 활용 계획을 세우고 합리적인 소비인지 스스로 판단하는 방식이다. 초등학교 고학년 이상의 아이들에게 도움이 된다. 처음에는 다른 방식에 비해 복잡해 보여 어렵다고 느낄 수 있지만 필요와 욕구를 구분하는 데 가장 효과적이다.

예상 지출	금액	우선순위	필요	욕구

용돈 기입장을 쓰자

용돈 계약서, 용돈 활용 계획서 다음은 용돈 기입장이다. 용돈 기입장은 아이가 용돈을 받는 순간부터 쓰게 하자. 보통 첫 지출이 발생할 때 용돈 기입장을 쓰는데, 용돈 기입장의 시작은 '수입(받은 용돈)'이다.

용돈 기입장은 용돈을 언제, 어디에 썼는지 알 수 있어 자신의 용돈 소비를 점검하고 다음 용돈 계획을 세우는 데 도움을 된다. 돈이 들어오고 나갈 때마다 용돈 기입장을 작성하는 습관을 들이도록 도와주자.

처음에는 부모가 함께 작성하면서 용돈 기입장에 용어들을 설명해준다. 점차 익숙해지면 아이 혼자 용돈 기입장을 작성하게 한다.

용돈 기입장 주요 용어
수입: 들어온 돈, 받은 돈
지출: 나간 돈, 쓴 돈
잔액: 남은 돈
날짜: 돈을 쓴 날
내용: 돈을 쓴 목적, 이유

용돈 기입장은 문구점에서 사거나 직접 표를 만들어 사용하면 된다. 금융감독원 웹 사이트에서 다운로드받는 방법도 있다(금융감독원 금융교육센터 → 금융교육 콘텐츠 → 체험 교육자료 → 용돈기입장 다운로드).

스마트폰을 사용하는 청소년일 경우 용돈 기입장 쓰기를 귀찮고 번거로워할 수 있다. 그럴 때는 스마트폰의 가계부 앱을 다운로드받아 사용하게 하자. 무료로 이용할 수 있는 앱이 많고, 프로그램이 복잡하지 않아 아이들도 쉽게 사용할 수 있다. 체크카드와 연동되어 자동으로 사용 내역이 입력되는 앱도 있으니 알아두자.

용돈 교육의 마지막은 대화다

다음 용돈을 주기 전 용돈 활용 계획서와 용돈 기입장을 아이와 함께 살펴보며 계획이 잘 이루어졌는지, 한 달 동안 용돈을 어떻게 관리했는지 등 좋았던 점과 개선할 점을 서로 이야기하자.

받은 용돈을 최종적으로 어디에 썼는지 말로 설명해주어도 좋다. "이번에 받은 용돈은 모두 젤리를 구입하는 데 썼네. 젤리를 가장 사고 싶었구나? 장난감을 사고 싶지는 않았어?"라고 말해주며 아이가 용돈으로 다양한 일을 할 수 있다는 사실을 알려주자.

그리고 돈이 부족하지는 않았는지, 부족했다면 무엇이 원인이었는지도 이야기해보자. 다음 용돈으로 돈이 부족하지 않게 쓰려면 어떻게 해야 하는지 서로가 생각하는 해결 방안까지 이야기를 나누면 더 좋다.

아이들과 용돈에 대해 이야기할 때 부모의 용돈, 가족 생활비 내역도 같이 공유할 수 있다. "아빠(엄마)는 이번 달에 회식을 많이 해서 밤 늦게 집에 올 때 택시를 자주 탔어. 교통비가 늘어나서 돈이 부족했어." "우리 집은 지난 달 전기세가 평소보다 두 배 가까이 나왔어. 이번 달은 빈 방이나 화장실 불은 꼭 끄고, 사용하지 않는 전자 제품은 코드를 빼두자."

이처럼 온 가족이 이야기를 나누다 보면 아이에게도 돈을 어떻게 관리할지 스스로 생각할 시간이 주어진다. 이런 과정들이 차곡차곡 쌓이면 자연스레 습관이 되어 합리적인 경제 활동을 하는 능력이 생기는 것이다. 부모에게는 소비 습관을 개선할 기회가 될 수 있다.

STEP 2
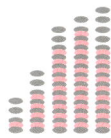
목돈을 만드는 저축 계좌 개설

첫 저축은 저금통으로 시작하자

용돈 교육을 통해 합리적인 소비 습관이 형성되기 시작하면 돈을 모으는 저축 습관도 함께 길러주어야 한다. 소비는 정해진 소득 안에서 이루어져야 하는데 대부분 소득은 적고 지출이 많기 마련이다. 여유롭고 안정된 소비를 위해서는 돈을 모아서 여윳돈을 만들어야 한다. 그것이 바로 저축이다.

집에서 부모가 아이에게 저축을 가르치는 첫 번째 방법이 저금통에 돈 넣기다. 충동 소비를 하기 쉬운 아이에게 용돈을 주고 쓸 돈과 저축할 돈을 구분하라고 하면 어떻게 될까? 주머니나 지갑에 모든 용돈을 넣어두었다가 언제든 써버릴 것이다. 그래서 저축할 돈을 따로 모아둘 저금통을 마련해주어야 한다.

그리고 아이가 취학 전이라면 저금통 저축이 가장 좋다. 이때는 돈을 저금통에 넣는 습관을 들이는 것이 중요하기 때문이다. 금액과 상관없이 돈이 생길 때마다 저금통에 저축하게 하자. 돈은 모으는 것이라는 인식이 생기고, 한 푼 두 푼 돈이 쌓여가는 모습을 보며 저축의 즐거움을 느낄 수 있다.

용돈 교육을 시작한 초기에도 저금통을 활용하자. 저축하겠다고 계획한 돈은 매달 용돈을 받자마자 바로 저금통에 넣는 습관을 들인다. 그리고 6개월, 1년 단위 또는 저금통이 꽉 찰 때까지 저축을 이어간다.

저금통 저축이 한 차례 끝나면(또는 저축을 시작하기 전) 돈을 꺼내고, 모은 돈을 어떻게 쓸지 계획을 세워보자. 동전 위주로 저축을 할 때는 모은 동전을 은행에 가지고 가 지폐로 바꾸는 과정을 경험하게 해주어도 좋다. 아이가 백 원, 오백 원이 모여 천 원, 만 원이 될 수 있다는 사실을 깨달으면 저축의 효과가 더 크게 와 닿을 것이다. 모은 돈으로 평소 사고 싶었던 장난감을 사게 해도 괜찮고, 다시 저축을 해도 괜찮다.

때가 되면 저축 장소를 바꿔야 한다

용돈의 규모가 커지고 저축 금액이 많아지면 저금통으로 저축하는 데도 한계가 있다. 저축을 돈의 용도에 따라 나누고, 지속적으로 목돈을 만드는 다음 단계로 나아가야 한다. 그러기 위해서는 저금통이란 작은 곳에서 은행이란 넓은 곳으로 저축의 장소를 바꿔야 한다. 은행에 저축성 상품 계좌를 개설하는 것이다.

저축 계좌를 만들기 전 목표 금액, 기간, 용도를 체크하자

저금통 저축에서는 목표 금액이 따로 없었다. 대부분 저금통이 꽉 차는 시기가 저축의 끝과 시작이었다. 하지만 은행 저축은 다르다. 얼마를 모을 것인지 목표 금액을 정해야 한다. 목표 금액은 현실성이 있어야 한다. 아이의 용돈 활용 계획에 무리가 없는 선에서 저축 목표 금액을 설정하자.

목표 금액을 설정하면 목표 기간도 정해야 한다. 목표 기간을 설정하지 않으면 저축이 언제 끝날지 알 수 없다. 예를 들어 매달 5만 원을 받고 그중 만 원을 저축하겠다는 아이가 목표 금액을 100만 원으로 잡았다. 매달 만 원씩 꾸준히 저축하면 8년 4개월이란 기간이 소요된다. 소비가 많아 저축을 하지 못하는 달이 생기면 그 이상 길어질 수도, 예상치 못한 소득으로 더 빨리 끝날 수도 있다. 저축이 끝나는 시기가 정해져 있어야 그에 맞춰 안정적으로 새로운 계획을 준비할 수 있다. '1년에 12만 원 모으기', '3년에 40만 원 모으기'처럼 목표 금액에 맞게 기간을 현실적으로 정하자. 용돈 교육이 지급 주기를 짧게 시작해 점차 늘려가듯이 저축 기간도 짧게 시작해 길게 늘려가야 한다.

마지막으로 사용 용도를 정해야 한다. 앞서 저금통 저축에서도 모은 돈을 어떻게 쓸지 계획을 세워보자고 말했다. 사용 용도는 아이가 저축을 끝까지 이어갈 수 있는 좋은 동기 부여가 된다. 또한 용도에 따라 저축의 목표 금액, 기간이 달라질 수 있다. 저축한 돈으로 최근 인기 있는 장난감을 사겠다고 용도를 정한다고 하자. 매달 5천 원씩 1년을 모으면 충분히 장난감을 살 수 있다. 그러면 목표 기간은 1년, 목표 금액은 6만 원이 되는 것이다.

은행에 돈을 맡기면 좋은 이유를 알려주자

저금통 저축으로는 단순히 돈을 모아 목돈을 만들었다면 은행 저축은 약속된 만큼 이자를 받을 수 있다. 적은 금액이라도 저축을 통해 이익이 생기는 것이다. 아이에게 저축의 또 다른 즐거움을 알려줄 수 있다.

은행 저축을 시작하기 전 아이에게 저금통 저축에서 은행 저축으로 바꾸는 이유를 설명해주자. 그러기 위해서는 은행이 무슨 일을 하는 곳인지, 은행에 돈을 저축한다는 것은 어떤 의미인지 알려주어야 한다.

은행의 역할
은행은 개인이나 기업에서 돈을 받고 그 대가로 이자를 주는 곳이다(저축).
은행은 돈이 필요한 개인과 기업에게 이자를 받고 돈을 빌려주는 곳이다(대출).
은행은 세금, 공과금, 등록금 등을 수납하는 곳이다(세금 납부).
은행은 외국 돈을 우리나라 돈으로, 우리나라 돈을 외국 돈으로 바꿔주는 곳이다(환전).

은행에 돈을 맡기고 이자를 받는 저축 종류(상품)는 기본적으로 세 가지가 있다. 언제든지 돈을 맡기고 찾을 수 있는 보통 예금, 목돈을 한꺼번에 맡기고 정해진 기간이 지난 뒤 찾을 수 있는 정기 예금, 매달 일정한 금액을 맡기고 정해진 기간이 지난 뒤 찾을 수 있는 정기 적금이다. 세 가지 모두 이자를 받을 수 있으며 상품 종류, 저축 기간, 금액에 따라 이자가 달라진다. 예전에는 보통 예금보다 정기 적금, 정기 예금의 이자가 높았지만 최근 은행 금리가 낮아지면서 큰 차이는 없어졌다.

은행의 역할과 저축 종류에 대해 알려주었다면 이제 가장 중요한 이자가 남았다. 은행의 이자는 두 가지로 나뉜다. 단리와 복리. 쉽게 설명하면 단리는 저축한 돈(원금)에 해당하는 이자를 주는 것이며, 복리는 저축한 돈과 저축한 돈에 매겨진 이자를 합친 돈(원리금)에 이자를 주는 것이다. 그래서 복리를 이자가 이자를 낳는다고 말하기도 한다.

12만 원을 1%(1,200원)의 이자를 받고 저축한다고 해보자. 단리는 매년 1,200원의 이자가 붙어 1년 후에는 121,200원, 2년 후에는 122,400원, 3년 후에는 123,600원이 된다. 복리는 1년 후 12만 원에 대한 이자 1,200원이 붙어 121,200원이 되는 것은 단리와 같지만, 2년 후에는 121,200원에 대한 이자 1%(1,212원)가 붙어, 122,412원이 된다. 단리보다 12원이 더 붙는 것이다. 이자의 차이는 해가 거듭될수록 점점 커진다. 그래서 은행에 돈을 맡길 때는 단리보다 복리를 선택하는 것이 좋다.

아이와 함께 적금 계좌를 개설해보자

현재 14세 미만의 아이는 은행 지점을 직접 방문해 계좌를 개설할 수 있다. 미성년자이기 때문에 부모가 보호자(대리인) 자격으로 함께 동행해야 한다. 미성년자 자녀의 계좌를 개설할 때는 반드시 챙겨야 할 준비물이 있다.

아이 명의의 계좌 개설 시 준비물

보호자 신분증

기본 증명서

가족 관계 증명서

통장 거래에 사용할 도장

서류는 아이 기준으로, 3개월 이내 발급된 것이어야 한다. 가족 관계 증명서는 주민센터나 정부24(www.gov.kr)에서 발급이 가능하다. 아이의 기본 증명서는 주민센터에 직접 방문, 발급해야 한다. 도장은 부모 중 한 명의 서명으로 대신할 수 있지만 그럴 경우 추후에 아이나 서명을 안 한 부모는 은행 거래에 제약이 있을 수 있다. 되도록 아이 이름의 도장을 만들어 가자. 계좌 개설에 필요한 준비물은 계좌를 해지할 때도 필요하다.

은행에 방문하기 전 아이와 함께 어떤 저축 상품에 가입할지 미리 알아보는 것도 좋다. 특히 아이 적금의 경우에는 일반 정기 예금보다도 훨씬 금리가 높은 상품들이 있으니 은행 지점을 방문하기 전 미리 살펴보자.

은행별 어린이·청소년 대상 주요 적금 상품(2021년 2월 기준)

은행	상품명	금리
KB국민은행	KB Young Youth 적금	최고 연 2.15%
신한은행	MY 주니어 적금	최고 연 2.20%
하나은행	아이 꿈하나 적금	최고 연 1.50%

계좌 개설에 필요한 준비물이 모두 갖추어지고, 가입하고 싶은 상품까지 조사가 끝났다면 아이와 함께 은행 지점을 방문하자. 그다음은 은행원의 안내에 따라 계좌 신청서를 작성하면 된다.

만 14세 이상은 비대면으로 계좌를 개설할 수 있다

이미 아이 명의의 계좌를 개설하고 인터넷 뱅킹에 가입해두었다면 아이 명의의 공동인증서를 통해 새로운 계좌를 개설할 수 있다.

그리고 미성년자여도 만 14세 이상의 자녀는 은행 지점 방문 없이 비대면 계좌 개설이 가능하다. 인터넷이나 모바일로 계좌 개설을 해보자. 필요한 준비물은 지점을 방문할 때와는 조금 다르다. 부모 신분증 대신 학생증과 여권이 필요하다. 학생증은 사진, 이름, 생년월일, 교명, 학교장 직인이 있어야 학생증으로 인정된다. 만약 학생증에 해당 항목이 적혀 있지 않다면 청소년증으로 대체할 수 있다. 청소년증은 만 9세 이상 18세 이하라면 누구나 발급이 가능하다. 주민센터에서 신청서를 작성하고 제출하면 만들어진다.

신한 쏠SOL의 경우에는 신한은행이든 타행이든 이미 개설된 계좌가 없어도 비대면으로 신규 계좌 개설이 가능하다. 하지만 다른 은행에서는 불가능할 수 있다. 통장을 개설하고 싶은 은행의 고객센터에 전화해 만 14세 이상 자녀의 계좌 개설이 비대면으로 가능한지 여부를 사전에 확인하는 게 좋다.

카카오뱅크는 14세부터 18세 이하 청소년 전용 금융 서비스 '미니mini'를 따로 운영한다. 별다른 서류 없이 모바일을 통한 본인 인증만으로 계좌 개설이 가능하다. 미니 계좌가 개설되면 미니 카드(입출금, 결제, 교통카드 기능이 있는 체크카드)를 발급받아 사용할 수 있다.

　은행들은 모바일 뱅킹 앱 서비스를 지속적으로 확장해나가고 있다. 지금 당장은 미성년자 비대면 계좌 개설이 제한되어 있어도 나중에는 규제가 완화되어 접근하기 쉬워질 것이다. 그러므로 시중에 주요 은행들이 어떤 모바일 뱅킹 서비스를 운영하고 있는지도 미리 살펴두면 좋다.

은행	앱
카카오뱅크	카카오뱅크
KB국민은행	KB스타뱅킹
우리은행	우리 WON 뱅킹
NH농협은행	NH스마트뱅킹
하나은행	하나원큐
신한은행	신한 쏠

STEP 3
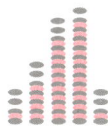
주식, 채권, 펀드 투자를 위한 증권 계좌 개설

증권사 계좌를 개설하자

돈을 쓰는 법, 모으는 법을 배웠다면 이제 불리는 법도 배워야 한다. 아이가 투자, 재테크 활동을 통해 돈을 불리는 경험을 하려면 가장 먼저 증권사 계좌를 만들어야 한다

증권사 역시 계좌 개설은 지점을 방문하거나 모바일 앱 또는 웹 사이트를 통해 할 수 있다. 하지만 최근 미성년자의 증권사 계좌는 비대면 개설이 불가능해졌다. 그래서 지점을 방문해야 하는데, 비대면 계좌 개설보다 비교적 비싼 수수료가 발생한다는 단점이 있다. 비대면으로 계좌를 개설할 경우 주식 수수료 평생 면제와 같은 이벤트를 진행하는 증권사들이 많다. 영업 지점을 방문해 계좌를 개설하면 이런 혜택을 받을 수 없으며, 해당 지점이 관리 지점으로 지정되어 수수료가 발생한다.

보통 50만 원 미만의 주식 매수, 매도에는 약 0.5%의 수수료가 부과된다. 증권사별로 약간의 차이는 있지만 대부분 비슷하다. 지점에서 투자 상담 등의 도움을 받을 예정이라면 괜찮지만 그렇지 않다면 수수료가 부담스럽게 느껴질 것이다.

이를 조금이나마 해결할 방안은 있다. 하나는 부모 명의의 증권사 계좌를 비대면으로 개설하고 꼬리표나 계좌 이름 설정 등을 통해 자녀 계좌를 지정하는 것이다. 스스로 분리, 관리하다가 추후 자녀 명의 주식 수수료 무료 이벤트가 진행되거나 자녀 명의 증권 계좌의 비대면 계좌 개설이 가능할 때 계좌 내 보유 자산을 이체시키는 방법이다.

또 하나는 수수료가 저렴한 증권사를 선택하는 것이다. 현재 국내 증권사 중에서는 키움증권의 수수료가 가장 저렴하다. 키움증권은 영업 지점이 없는 온라인 전용 증권사다. 키움증권과 연계되어 있는 은행에 내방하여 계좌를 개설할 수 있다. 은행에서 증권사 계좌를 개설할 때는 은행 계좌를 만들 때와 같이 가족 관계 증명서, 보호자 신분증, 기본 증명서, 자녀 도장이 필요하다. 키움증권 계좌는 KB국민은행, 우리은행, IBK기업은행, 하나은행 등 여러 은행에서 개설이 가능하다. 해당 은행에 방문해 증권사 계좌를 개설한 다음 모바일에서 키움증권 앱을 설치하면 된다. 회원 가입 후 공동인증서를 발급받으면 증권 거래를 할 수 있다.

하지만 키움증권은 다른 증권사에 비해 앱이 여러 개가 있어 다소 복잡하고 불편하다. 국내 주식 거래는 '영웅문S' 앱, 해외 주식 거래는 '영웅문S 글로벌' 앱, 그리고 기타 펀드, 채권, ELS 등의 금융 상품 거래는 '키움자산관리' 앱을 이용해야 한다. 그러나 여러 증권사들보다 다양한 기능이 잘 준비되어 있다는 장점도 있다.

주요 증권사별 특징

신한금융투자

신한금융투자는 해외 주식을 적은 돈으로도 손쉽게 투자할 수 있는 서비스를 제공한다. '소수점 투자'라고 하는데, 주식 1주의 가격이 자신이 가진 금액보다 너무 비싸면 주식을 1주가 아닌 0.1주, 0.5주 단위로 사는 것이다. 가장 주목받고 있는 주식인 테슬라를 예로 들어보자. 1주당 가격이 우리나라 돈으로 40만 원이 넘는데 가진 투자금이 10만 원밖에 없다면 10만 원으로 테슬라 주식 1주의 30%정도만 사는 것이다.

KB증권

KB증권은 해외 주식을 하고 싶다면 선택해볼 만하다. 해외 주식을 사기 위해서는 우리나라 돈(원화)이 아닌 미국 달러로 환전을 해야 하는데, KB증권에서는 글로벌원마켓이라는 서비스로 해외 주식을 원화로 살 수 있다. 여러 증권사가 해외 주식을 원화로 사고팔 수 있는 통합증거금 서비스를 지원하지만 환전을 하지 않는다고 해서 환전 수수료가 부과되지 않는 건 아니다. 증권사별로 책정된 환전 수수료가 자동으로 적용되어 차감된다. 하지만 KB증권은 별도의 환전 수수료가 발생하지 않는다.

NH투자증권

NH투자증권은 증권사 자체 신용으로 은행 예금·적금과 비슷한 발행 어음 상품에 가입할 수 있다. 국내에 이러한 상품을 가입할 수 있는 증권사는 NH투자증권을 포함해 KB증권, 한국투자증권까지 총 3군데이다. CMA 상품 역시 발행 어음형 CMA라고 하여 다른 증권사의 RP형보다 조금 더 높은 금리를 적용해주고 있다.

삼성증권

삼성증권은 모바일 앱 기능이 사용자가 이용하기 편하고 간결하게 구축되어 있다. 그리고 최근에 많은 관심을 받고 있는 투자 자문을 통한 자산 관리 서비스 시스템이 가장 잘 구현되어 있다. 만일 여러 유능한 전문가들을 통해 투자 활동에 도움을 받고 싶다면 삼성증권을 추천한다.

아이와 함께 지점을 방문할 때 유의할 점

대기 인원이 없는 상황이라면 계좌를 개설하기까지 약 35분 정도 소요된다. 은행과 비슷하거나 조금 더 걸린다고 볼 수 있다. 대기 인원이 많다면 이보다 더 길어질 수 있으니 아이와 함께 방문할 때는 되도록 방문객이 적은 시간대를 이용하자. 또한 아이가 글자 쓰기에 서툴다면 방문 전 미리 서류를 작성해 가지고 가는 방법도 있다.

또한, 여러 번 시간을 내어 방문하기 힘들 수 있으므로 한 번 방문할 때 필요한 모든 업무를 처리하는 게 좋다. 만약 처음 계좌를 개설한다면 아이와 함께 CMA 계좌, 주식 거래를 위한 주식 종합 계좌, 연금 저축 계좌, 금 현물 계좌, 향후에 좀더 전문적인 투자 활동을 위한 자문 전용 계좌 이렇게 5가지를 모두 개설해두면 좋다. 증권사에 따라 하나의 계좌로 여러 투자가 가능한 통합 계좌 시스템을 운영하는 곳도 있다.

CMA 계좌는 유형 선택

CMA 계좌는 보통 RP형, MMF형, MMW형이 있으며, 계좌를 개설할 때 이 중 하나를 고를 수 있다. RP형을 선택하는 이들이 많으며 영업 지점에서도 RP형을 가장 많이 추천한다. 이 모든 유형은 예금자 보호가 적용되지 않는다.

하지만 RP형은 약정 수익률에 따라 이자를 지급한다. 국공채, 우량 회사채 등에 투자해 증권사가 부도나지 않는 한 안전하다고 봐도 좋다. MMW형은 한국증권금융에서 돈을 관리해 위험에서 좀더 안전하다. 이자는 RP형은 연간 0.2% 정도이며, MMW형은 그때그때 다르지만 RP형보다 이자가 좀더 높다.

주식 종합 계좌는 증거금률 100% 설정

주식 종합 계좌는 개설하는 과정에서 증거금을 설정해야 한다. 증거금은 주식 거래의 증거가 되는 돈, 즉 보증금이라고 할 수 있다. 우리가 주식을 사거나 팔겠다고 주문을 하고 실제 거래가 성사되기까지는 3일이 걸린다. 그래서 주식 거래에 필요한 돈은 3일 안에만 모두 입금하면 된다. 만약 주문을 할 때 돈을 모두 넣으면 증거금률 100%라고 하고, 절반만 넣고 남은 금액을 3일 안에 넣으면 증거금률 50%라고 한다. 하지만 관리의 어려움이 있으니 되도록 증거금률은 100%로 설정하기 바란다.

OTP나 보안 카드 선택

OTP가 여러모로 편리할 수 있지만 장기간 계좌를 운용해야 하는 아이들은 OTP 배터리가 다 되어 다시 발급을 받아야 하는 불편함이 있다. 그래도 괜찮다면 OTP는 보관이 용이한 카드형으로 발급받자. 아니면 보안 카드를 선택하는 방법도 있다.

통장 발급

통장을 발급받을지도 선택해야 한다. 사실 통장이 무의미한 시대이지만 아이가 직접 자산을 관리하는 데 도움이 되도록 교육 차원에서 통장을 발급받길 추천한다.

모바일에서 사용할 아이디, 패스워드 선정

영업 지점을 방문해 계좌를 개설하면 모바일에서 증권사 앱을 이용할 수 있다. 증권사 앱에 가입하려면 아이디와 패스워드 등록, 공동인증서 발급·등록이 필요하다. 아이와 상의해 아이디와 패스워드를 미리 정해두자. 증권용 공동인증서는 모바일 앱에서 발급이 가능하다.

은행의 모든 업무는 증권사에서도 가능하다. 지금처럼 근로 소득만으로 살아가거나 은행의 이자를 기대하기 어렵다면 주식, 채권, 펀드 등 투자를 통해 돈을 불리는 일이 더욱 필요해질 것이다. 아이가 은행, 증권사 계좌를 개설하고 돈을 모으는 법을 배웠다면 이제 본격적으로 주식을 비롯한 다양한 투자 활동을 경험하게 하자.

STEP 4
부모와 아이가 함께하는 주식 투자

아이의 눈높이에 맞춘다

최근 기사에 따르면 요즘 고등학생들은 자신이 좋아하는 물건을 사기보다 그 물건을 만드는 회사의 주식을 산다고 한다. 스타벅스 커피를 먹는 대신 스타벅스 주식을, 엘사 드레스를 사는 대신 디즈니 주식을 사라는 이야기도 있다.

그러나 주식 투자라고 하면 든든한 목돈이 있어야 하고, 성인만 해야 한다고 생각하는 부모가 있다. 하지만 주식 역시 다른 경제 교육과 마찬가지로 어릴 때부터 교육을 통해 경험과 올바른 투자 습관을 길러주어야 한다.

아이와 함께 주식 투자를 할 때는 먼저 아이 눈높이에 맞는 기업(회사)을 선택해 이야기를 나누는 것이 좋다. 뒤에서도 언급하겠지만 주식은 단순히 사고팔며 이익과 손실을 얻는 것이 아니다. 그 기업이 앞으로 성장할 가치를 파악하고, 그 가치가 현실화될 수 있도록 투자하는 것이다. 그렇기 때문에 성공적인 주식 투자를 하기 위해서는 기업에 대해 알아야 한다. 하지만 흥미가 없으면 자세히 들여다볼 수 없다. 그래서 아이 눈높이에 맞는, 아이가 흥미를 가질 만한 기업에 대해 이야기를 나누는 것이 좋다.

예를 들어 헬로카봇, 터닝메카드 등 아이들이 좋아하는 인기 장난감을 판매하는 손오공이라는 기업이 있다. 실제 4~5세 남자아이들이라면 헬로카봇 장난감을 적어도 10개는 구매하지 않을까 생각한다. 하나당 10만 원씩 계산하면 장난감을 사는 데 100만 원을 지출하는 것이다. 아이에게 이 이야기를 들려주며 손오공 기업의 주식에 투자한다면 어떻게 될지 함께 상상해보자.

"헬로카봇 장난감은 손오공 기업에서 만들고 있어. 우리 헬로카봇을 사는 대신 손오공 기업의 주식을 사볼까? 친구들이 헬로카봇 장난감을 많이 살수록 손오공 기업의 주식 가격이 오를 거야. 그럼 손오공 기업의 주식을 산 우리는 나중에 더 많은 장난감을 살 수 있어."

이런 식으로 아이의 흥미를 불러일으키며 이야기를 나눠보자.

어차피 장난감에 대한 관심은 일정 시기가 지나면 사라진다. 시간이 흘러 헬로카봇에 대한 관심이 사라졌을 때 그때 산 주식이 어떤 결과를 만들었는지 이야기를 나눠보자. 좋은 경험이 된다. 해당 장난감을 사서 모으기만 한 아이와 장난감 회사에 투자를 한 아이는 부의 출발선 자체가 달라질 수밖에 없다. 현명한 부모는 아이를 영원한 소비자로 살게 하기보다 회사의 주주가 되게 하는 방법을 모색한다.

주식은 이것만 알아두자

국내 주식은 오전 9시부터 오후 3시 30분까지 사고팔 수 있다. 해당 시간이 지나면 '예약'을 통해 시간 외 거래를 할 수도 있지만 가급적 정해진 거래 시간을 이용하는 게 좋다.

기업이 발행하는 주식 수는 정해져 있다. 정해진 주식 양은 거래소에서 사거나 파는데 주식을 사는 것을 매수, 파는 것을 매도라고 한다. 주식에도 수요와 공급이 존재한다. 사는 쪽이 많을수록 주식 가격은 높아지고, 파는 쪽이 많을수록 주식 가격은 낮아진다.

주식을 거래할 때 우리가 이용하는 증권사 앱MTS 혹은 PC를 활용한 프로그램HTS은 단순히 주식을 거래하기 위해 만들어진 것이다. 주식 증서는 모두 예탁결제원이라는 곳에서 보관한다. 그래서 어느 증권사를 선택할지는 크게 중요하지 않다.

주식은 수익을 얼마나 얻었는가보다 얼마나 많은 주식 자산을 보유하고 있는가가 더 중요하다. 하루 이틀만 투자하고 수익을 보는 것이 아니다. 시장의 구조상 기업이 성장하면 주식 가격은 자연히 상승할 것이기에 특정 시점에 잠깐 가격이 올라 이익을 얻는 것은 의미가 없다. 많은 주식을 보유할 수 있도록 저축하듯이 꾸준히 투자해야 한다. 그래서 아이가 어릴 때부터 용돈이 생기면 조금씩 주식을 사 모으는 것이 좋다.

주식 투자에 도전해보자

주식을 사고팔 때 필요한 용어는 162쪽을 참조한다.

증권사 앱에 로그인한다.

▼

메뉴에서 트레이딩 혹은 주식 카테고리로 이동해 국내 주식을 선택한다.

▼

검색창에서 원하는 기업을 검색한다.

▼

매수창에서 호가를 보고 현재가, 지정가, 시중가 중에 어떤 가격으로 주식을 구매할지 생각해본다. 가격 변동이 심해서 거래가 힘든 주식은 단가 옆에 있는 시장가로 매수하는 것이 좋다.

▼

몇 주를 살지 입력한다. 보통 주식에 쓸 예산 안에서 구매하고자 하는 주식 수량을 결정한다. 만약 주식에 쓸 돈이 10만 원인데 삼성전자 주식이 64,700원이면 1주밖에 매수할 수 없다. 이럴 경우 1주만 입력한다. 가격과 주식 수량을 결정하면 금액란에 주식 매수 비용이 자동으로 입력된다.

▼

매수 버튼을 누른다.

▼

패스워드를 입력한 다음 최종 주문 내용을 확인한다.

최종적으로 주문 체결이 완료되었는지 확인해야 한다. 주문이 체결되면 알림이 오는데 알림을 받지 못했을 때는 앱에서 체결 여부를 확인하자.

주식을 살 때 호가를 보고 현재가보다 좀더 낮거나 높은 금액을 지정해 주식을 매수해도 괜찮다. 다만 금액이 낮으면 높은 사람들보다 뒤늦게 매수하거나 매수하지 못할 수도 있으니 유의한다(158쪽 참조). 하지만 10원, 100원 정도의 가격을 두고 고심하지는 말자. 매수하고자 하는 금액이 10만 원이라면 현재가부터 조금씩 매수하고 상황을 지켜보다가 가격이 하락하면 추가적으로 매수하는 것도 좋다.

아이와 함께하는 주식 투자의 원칙

자녀들에게 주식 투자를 교육할 때 "이거 사"라는 방식으로 명령하는 것보다 아이의 선택을 지켜보며 매수, 매도 방법을 알려주는 선에서 그치는 게 좋다. 또한 주식 투자 경험이 적은 부모는 아이에게 솔직히 말하고 함께 해보는 게 좋다. 다음은 아이가 직접 주식 투자를 할 때 기본적으로 지켜야 할 원칙들이다.

- 용돈을 아껴 한 달에 한 번씩은 꼭 주식에 투자하기
- 투자하고자 하는 기업들을 우리 일상에서 찾아 공부하기
- 절대 망하지 않는 기업을 위주로 찾아보기
- 1주일에 한 번 주식 투자가 어떤 결과를 보이고 있는지 함께 체크하고 토론하기

아주 특별한 이유가 아니라면 산 주식을 팔지 않기

주식의 평가 금액보다 주식을 몇 주 모을지 목표 세우기

주변에서 들려오는 주식 정보에는 일절 관심 갖지 않기

STEP 5

부모와 아이가 함께하는 펀드 투자

펀드는 가장 마지막에 경험하자

펀드는 간접 투자이기 때문에 투자가 쉬울 거라고 생각한다. 그래서 아무것도 모르는 상황에서 증권사나 은행에서 펀드 가입을 권유받고 펀드 투자에 뛰어들었다가 실패를 경험한 사람들이 많다.

　스스로 경제 공부를 하고 하나씩 직접 투자를 경험해봤다면 본인의 성향상 어떠한 투자 방법이 적절한지 알 수 있는데, 펀드는 좀더 계획을 구체화하여 전문적으로 투자 활동을 할 수 있을 때 해야 하는 투자다. 주식, 금, 채권 등 여러 투자를 경험해보고 실전 지식들을 갖춘 다음 때가 되었을 때 본격적으로 하는 것이 좋다.

펀드 클래스를 알아야 한다

펀드 상품 이름 뒤에는 항상 알파벳과 숫자들이 붙어 있다. 어떤 차이가 있는지 헷갈리기 쉽다. 자동차도 옵션별로 등급을 나누듯이 펀드도 상품별, 수수료별 등급(클래스)을 분류해 놓은 것이다.

A클래스는 수수료(선취 수수료)를 먼저 부과하는 상품을 의미한다. 판매 보수가 낮다. 그리고 많은 유형 중 하나인 C클래스는 선취 수수료가 없는 대신 판매 보수가 비교적 높은 상품이다. P클래스는 연금 전용 상품이다. 연금 계좌에서 펀드를 선택할 때 해당하는 P상품을 선택하면 된다.

대문자 알파벳 뒤에 소문자 알파벳이 추가로 붙는 경우도 있다. 예를 들면 A-e 혹은 C-e에서 소문자 e는 온라인 전용 상품을 의미한다. 영업 지점에서 가입하는 상품보다 펀드 수수료가 매우 저렴하다.

어떤 펀드를 선택해야 할까?

수천 가지의 펀드 상품 중 어떤 펀드를 선택해야 할까? 고민될 때는 희망하는 범위를 카테고리로 만들어두고, 소거법으로 하나씩 좁혀 나가는 방법을 추천한다. 삼성자산운용 혹은 미래에셋자산운용과 같은 펀드 운용사들은 웹 사이트에 여러 종류의 펀드들을 알기 쉽게 분리하여 정리해두었다. 특히 삼성자산운용의 펀드 솔루션 사이트 혹은 앱에 들어가면 상품 유형, 운용 자산 규모 등 여러 기준으로 상세하게 분류되어 있다. 이를 활용하는 것도 좋은 방법이다.

펀드 클래스	구분	설명
A	총 보수+최초 가입 시 수수료 부과 (선취 판매 수수료)	펀드 가입 시 수수료가 발생하지만 연간 보수가 낮음
B	총 보수+해지 시 환매 수수료 부과 (후취 판매 수수료)	펀드 해지 시 수수료가 발생하지만 연간 보수가 낮음
C	총 보수+선취 판매 수수료+후취 판매 수수료 부과	별도의 수수료가 없지만 연간 보수가 높음
E	온라인 전용 펀드	온라인 판매 시스템을 통해서만 가입 가능
F	기관 투자자 전용 펀드	금융 기관 투자자만 가입 가능
G	창구 전용 펀드	실제 방문 후 창구에서만 가입 가능
H	장기 주택 마련 저축 전용 펀드	비과세 혜택은 2012년 가입자까지만 적용
I	고액 거래자 전용 펀드	기관 및 운용사별 기준에 따른 고액 거래자 (기관 투자자)만 가입 가능
W	랩어카운트 전용 상품	증권사가 고객 계좌의 돈을 주식, 채권, 펀드, 파생 상품 등 다양한 자산에 투자하는 상품
T	소득 공제 장기 펀드	5년 이상 유지 시 납입 금액의 40% 소득 공제
P	개인 연금형 펀드	노후 연금 수령을 목적으로 하는 펀드로 연 300만 원 소득 공제. 55세 이후 연금 소득세 최대 5.5%만 부과
S	펀드 슈퍼마켓 전용 펀드	펀드 슈퍼마켓(시중에서 판매되는 펀드를 한곳에 모아 파는 온라인 쇼핑몰)에서만 가입 가능

은행 혹은 증권사 영업 지점에서 특별히 추천하는 펀드는 피하는 것이 좋다. 스스로가 어떠한 투자를 하고 싶은지 먼저 생각을 정리하고 접근하길 바란다.

펀드 투자에 도전해보자

펀드 매수 절차는 채권, 주식과 비슷하다. 저축 기간 설정과 매달 자동

이체로 지속적인 투자를 할지를 결정해야 하는 점만 다르다.

> 메뉴에서 주식 금융 상품 카테고리로 이동해 펀드를 선택한다.

▼

> 펀드 매매에서 펀드 신규 매수를 클릭한 다음 검색창에 원하는 펀드 종목을 검색해본다. 이때, 펀드의 이름을 정확히 입력하지 않아도 된다. 예를 들어 '4차 산업혁명'처럼 대략적으로 원하는 투자 방향을 입력해도 괜찮다.

▼

> 가입 가능한 상품들이 검색되면 하나씩 들어가 상세 정보를 확인한다.

▼

> 원하는 상품을 찾았다면 선택을 하고 매수 버튼을 누른다.

▼

> 어떤 계좌에서 펀드를 매수할 것인지 선택한다. 펀드는 주식 거래가 가능한 종합 계좌, CMA 계좌에서 모두 매수가 가능하다.

▼

> 간이 투자 설명서를 확인한다.

▼

> 저축 기간을 설정하고 원하는 매수 금액을 입력한다.

간이 투자 설명서는 꼼꼼히 잘 읽어보는 게 좋다. 하지만 내용이 너무 어려울 때는 고객센터나 영업점에 문의해 충분한 설명을 듣는 게 좋다.

펀드를 매수할 때 투자 기간은 기본적으로 최저값(12개월 이상)을 입력하면 된다. 최저값이란 해당 기간까지는 해지하지 않는다는 약속이다. 해지가 완전히 불가능한 게 아니라 약속한 해당 기간 안에 해지를 하면 수수료가 부과된다는 의미다.

이렇게 해서 매수를 완료하면 정상적으로 계약이 체결되었는지 확인해보자. 펀드 카테고리에서 펀드 신청 현황을 클릭하면 신청한 펀드 금액과 종목 등 정보를 확인할 수 있다. 만일 신청이 잘못되었다면 이 단계에서 바로 신청 취소도 가능하다. 펀드는 주문을 넣었다고 해서 주식처럼 매수가 실시간으로 이루어지지 않는다. 그래서 신청 후 계좌 잔고를 확인하고 돈이 빠져나가지 않아 매수가 되지 않았다고 오해하는 경우도 있다. 국내나 해외 펀드는 매수, 매도할 때 상품에 따라 소요되는 일정이 다르다.

펀드는 1만 원이든 10만 원이든 가입 금액의 기준이 없다. 얼마든지 가능하다. 그래서 비용 면에서 부담이 되지 않는다. 용돈을 받는 아이도 쉽게 투자해볼 수 있다.

STEP 6
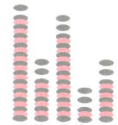
부모와 아이가 함께하는 채권 투자

채권은 이것만 알아두자

대표적인 예로 매수, 매도가 가능한 채권을 들 수 있다. 채권의 경우 장내 채권과 장외 채권으로 나뉜다. 장내 채권은 한국거래소 채권 시장에 상장되어 있는 채권을 말한다. 어느 증권사를 이용해도 모두 거래할 수 있다. 장외 채권은 증권사 내에서만 판매하는 채권이다. 증권사마다 판매하는 채권이 다르다.

채권 투자를 할 때는 간단하게 몇 가지만 체크하면 된다.

만기 일자

발행 일자보다 만기 일자를 확인한다. 채권은 신규 발행 채권을 매수할 수도 있다. 하지만 장내에서 거래되는 채권은 누군가 구매했다가 시장에서 되파는 것을 매수하는 것이다. 그래서 발행 일자는 의미가 없다. 만기 일자에 투자금을 돌려받기 때문에 만기가 언제인지를 따져야 한다. 물론 만기 이전에 얼마든지 다른 사람에게 팔 수 있다.

신용 등급

신용 등급이 세분화되어 있다. B+++, BB 등급 이상의 채권에만 투자하는 게 좋다. 주식도 마찬가지지만 채권의 최대 리스크는 채권을 발행한 기업의 도산이다. 기업이 부도나면 발행한 채권들을 상환하지 못하기 때문에 애초 신용 등급이 좋은 채권에 투자하는 게 좋다(185쪽 참조).

수량

채권 투자를 처음 하는 사람들 대부분이 어려움을 느끼는 부분이다. 입력 화면에 '기능'이라는 단추가 있는데, 이 단추를 클릭하면 현재 자신이 보유한 현금에서 채권을 얼마나 구매할 수 있는지 계산해준다. 이를 잘 활용하면 된다. 기본적으로 수량은 투자자가 투자하고자 하는 금액과 비슷하게 맞아떨어진다. 채권 가격에 따라 차이는 있지만 투자 금액에 따라 수량이 정해진다.

채권 투자에 도전해보자

채권 역시 주식과 매수 절차가 비슷하다.

메뉴에서 채권·RP 카테고리로 이동해 원하는 분야를 선택한다.

현재가에서 원하는 기업의 채권 종목을 검색한다.

매수에서 호가를 확인한다.

발행 정보에서 채권의 만기일을 체크한다.

이자에서 표면 이율, 원금 상환 방법, 이자 지급 방식 등을 확인한다.

해당 채권을 매수하기로 결정하면 매수 버튼을 눌러 수량과 단가를 입력한다. 이때, 수량 옆에 있는 기능 버튼을 눌러 현재 보유한 현금에서 구매 가능한 수량을 확인한 다음 구매 수량을 확정하면 된다. 단가는 호가를 보고 원하는 금액을 입력한다.

장내 매수 버튼을 누르고 패스워드를 입력한다. 최종적으로 주문 내용을 확인하고 이상이 없으면 한 번 더 장내 매수 버튼을 눌러 매수를 완료한다.

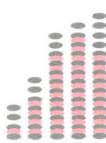

STEP 7
포트폴리오를 구성해 투자 계획 세우기

용돈 관리는 용돈 활용 계획서, 투자 관리는 포트폴리오

지금까지 다양한 자산에 투자하는 방법을 배웠다. 하나하나 따라 한 다음 어느 정도 투자에 익숙해지면 투자 포트폴리오를 구성해보는 것이 좋다. 또는 본격적으로 투자 방법을 익히기 전에 얼마를 투자할지, 어떤 투자를 할지 간단하게 포트폴리오를 구성해도 좋다.

투자 포트폴리오는 투자 성향에 따라 혹은 투자하고자 하는 투자 대상에 따라 비율을 나눌 수 있다. 자산 배분 전략에 따라 구성을 한다면 투자 성향으로 나눌 수 있는데, 투자 성향은 투자 목적, 자산 현황, 투자 경험 등을 기초로 판단할 수 있다. 그리고 요즘은 증권사별로 투자 성향을 파악할 수 있는 질문지를 사전에 제공하며 성향에 맞게 투자할 수 있도록 안내하고 있으니 필요 없다고 판단되면 굳이 배우지 않아도 괜찮다. 아이들의 경제 교육에도 '반드시' 할 필요는 없는 부분이므로, 여기서는 용돈 활용 계획서만큼 간단하게 짤 수 있는 포트폴리오를 설명할 예정이다.

투자 포트폴리오 예시

적극적 투자자 = 주식:펀드:채권:현금 = 40:30:20:10(공격 70%, 안전 30%)

중립적 투자자 = 주식:펀드:채권:현금 = 30:20:40:10(공격 50%, 안전 50%)

소극적 투자자 = 주식:펀드:채권:현금 = 20:10:60:10(공격 30%, 안전 70%)

투자 성향은 높은 수익과 높은 위험을 지향할 경우 적극적, 조금 높은 수익과 안전성을 지향할 경우 중립적, 낮은 수익과 높은 안전성을 지향할 경우 소극적 투자로 분류했다. 아이에게 무조건 낮은 수익과 높은 안전성을 추구하는 소극적 투자를 하라고 권할 필요는 없다. 오히려 어릴 때 여러 성향을 경험하게 하고 스스로 자신에게 맞는 쪽을 결정하게 두는 게 좋다.

경제 교육에서 가장 중요한 점은 금융 지식, 자산 관리 그리고 올바르게 투자하는 법을 가르치는 것이다. 그러기 위해서는 아이에게 체계적으로 계획을 세우고 달성하는 과정과 그 결과를 경험하게 해주어야 한다. 지금의 어른들처럼 이익에 현혹되어 '영끌(영혼까지 끌어모아 투자)', '빚투(빚내서 투자)'에 빠지지 않도록, 건강하고 올바른 투자자로 자랄 수 있도록 이끌어주자.

03

경제적 디딤돌을 마련하는 투자법

부모편

아이의 첫 계좌, 출생과 동시에 개설하자

엄마, 아빠가 맡아준 돈은 목돈이 되지 않는다

명절 때 친척들에게 세뱃돈이나 용돈을 받으면 부모님이 하는 말이 있다. 돈을 잃어버릴 수 있으니 엄마, 아빠가 잘 맡아두겠다고. 아마 비슷한 경험을 한 사람들이 많을 것이다. 그리고 그 돈을 돌려받지 못한 사람 또한 많을 것이다.

그 돈은 어디로 간 걸까? 우리가 어릴 때 부모의 주머니로 들어간 돈 대부분은 가계 생활비에 섞여서 함께 쓰였다. 다른 물건과 달리 돈에는 꼬리표가 없다. 돈의 가치만 있을 뿐 특정해서 구분할 수 없기 때문에 한 주머니에 들어가는 순간 그 돈을 관리하고 소유하는 사람의 돈이 된다.

예를 들어 주머니 안에 천 원 지폐 5장, 5천 원 지폐 1장이 있다고 하자. 천 원 지폐 5장은 아이가 받은 세뱃돈이고, 5천 원 지폐 1장은 부모 돈이다. 이때 급하게 만 원을 써야 하는 상황이 생기면 5천 원만 내 돈이니 은행에 다녀오자고 생각하는 부모는 없을 것이다. 대부분 주머니 속 돈을 먼저 쓰고 나중에 채워넣자고 생각한다.

집안 경제가 힘들면 급히 쓸 일이 없는 돈, 주머니 속 목적 없는 돈을 떠올리게 되는데 그게 바로 아이 돈이다. 그런데 만약 그 돈을 아이 명의의 통장에 넣어두었다면 어떻게 되었을까? 이자율이 높지 않은 예금 계좌에 넣어두었다고 해도 차곡차곡 쌓여 아이의 마중물이 될 것이다.

마중물은 "펌프질을 할 때 물을 끌어올리기 위해 붓는 물"을 의미한다. 무조건 펌프질을 한다고 해서 물이 나오는 것이 아니다. 펌프 속에 먼저 한 바가지 정도 물을 부어줘야 그 물을 따라 더 많은 물을 끌어올릴 수 있다. 마중물은 원하는 결과를 맞이하기 위해 필요한 물이다.

우리 아이들이 세상을 살아가는 데에도 마중물은 필요하다. 아이가 신체적, 정신적으로 발달하기 위해서 적당한 환경이 마련되어야 하듯 아이가 미래를 누리기 위해서는 든든한 경제적 디딤돌이 있어야 한다.

마중물은 부모의 자산 관리로 만들 수 있다. 지금 자산이 풍요롭지 않더라도 관리를 해 마중물을 마련해야 한다. 마중물은 많지 않아도 된다. 한 바가지 물에 많은 물이 끌어올려진다. 적은 돈이어도 아이가 디딜 수 있다면 아이의 미래는 더 높이, 더 멀리 나아갈 수 있다.

아이 명의의 계좌 개설 = 아이 자산 마련의 첫걸음

요즘 부모들은 임신 사실을 알자마자 산후조리원에 등록하고, 아이가 태어나자마자 어린이집 대기 신청을 한다. 우스갯소리처럼 들리겠지만 이 책을 보는 부모라면 모두 아는 사실이다. 좋은 산후조리원에 가고 좋은 어린이집에 보내기 위해서는 남보다 발 빠르게 움직여야 한다. 그렇다면 아이의 든든한 경제적 디딤돌을 마련하려면 가장 먼저 무엇을 해야 할까?

출생 신고와 동시에 은행에 가서 아이 명의의 계좌를 개설해야 한다. 계좌는 당장 사용하기 위한 목적보다는 앞으로 아이가 커가는 과정에서 부모가 아이를 위해 준비할 수 있는 다양한 금융 자산을 담기 위한 초석이다. 실제로 많은 부모가 아이 출생을 축하하는 의미로 아이 계좌를 만들거나 목돈이 생기는 돌잔치 전후로 아이 계좌를 만들고 있다. 그리고 거기에 아이 앞으로 지급되는 아동 수당부터 각종 시기에 들어오는 축하금, 용돈 등을 모은다.

부모에 따라 이러한 수당들을 활용할 계획이 다르겠지만 우선 자녀 명의로 된 계좌를 준비해두면 추후 발생할 증여세를 절감할 수 있으며, 분실 및 충동 소비 등 여러 위험에서 벗어나 안전하게 목돈을 만들 수 있다.

사용 목적을 반드시 구분해야 한다

여전히 계좌 개설을 비롯한 금융 거래는 은행에서만 해야 한다고 생각하는 사람들이 있다. 은행이 익숙하기 때문만이 아니라 증권사에 대한 심리적 장벽이 존재하기 때문일 것이다. 그래서인지 투자도 은행을 통해서 하는 경우가 많다. 은행에 계좌를 개설하러 가거나 대출을 받으러 가서 은행 계열의 카드, 펀드, 보험 상품까지 가입한다.

하지만 은행에서 투자를 하는 것은 돈가스를 돈가스 전문점이 아닌 분식집에서 사 먹는 것과 같다. 금융 업무를 한 번에 해결하는 대신 투자의 전문성을 어느 정도 포기하는 것이다. 투자는 저축이나 보험처럼 미래 수익이 확정되지 않기 때문에 지속적인 관리가 필요한 만큼 투자를 전문으로 하는 곳에 맡기는 게 좋다.

그래서 계좌를 개설할 때 무조건 은행으로 가기보다는 돈의 사용 목적에 따라 은행과 증권사를 구분해야 한다. 예를 들면 예금과 저축, 대출에 관한 부분은 은행에, 투자에 관한 부분은 증권사에 맡긴다. 특히 초보 투자자일수록 정확한 가이드가 필요하다. 그런 가이드를 해줄 PB Private Banker 를 만나기 위해서라도 투자는 증권사에 맡기는 게 좋다.

또한, 원칙적으로 매매와 같은 증권 관련 위탁 업무는 증권사에서만 하도록 법으로 규정되어 있다. 사람들의 편의를 위해 증권사와 제휴를 맺은 은행에서도 증권 계좌 개설을 해주지만 업무가 제한되기 때문에 위탁 업무는 하지 않는다. 다시 말해서 은행은 증권 거래를 위한 돈을 입출금 통장으로 받는 수신 업무만 하고, 받은 돈을 증권 계좌로 넘겨 증권사에서 거래를 하게 지원할 뿐이다. 결국 은행에서 증권 계좌를 만들면 한 번 더 절차를 거쳐야 하는 것이나 마찬가지다.

또한 금융 사기 방지 차원에서 계좌를 개설하는 것이 어려운 현실도 고려해야 한다. 성인일지라도 재직 증명서, 3개월 급여 내역서, 근로소득 원천 징수 영수증 등을 통해 금융 거래 목적을 증명해야 하는데, 이러한 증빙을 하지 못하면 대부분 거절당하거나 입출금이 최저 한도로 한정되는 등의 제약이 따른다. 미성년자 같은 경우 이러한 증빙이 더욱 어렵기에 사실상 한도 제한과 같이 록Lock이 걸린 계좌만 개설 가능하다고 봐야 한다. 이렇듯 은행에서 증권 계좌까지 개설할 수 있지만 여러 불편함이 있다는 점을 유의하자.

먼저, 입출금 계좌를 개설하자

아이가 당장 돈을 쓸 일이 없고 우선 목돈을 모으자는 생각에 적금이나 저축 상품 계좌를 만드는 부모가 있다. 하지만 반드시 입출금 통장부터 만들기를 권한다. 경제 활동을 하는 성인이 자기 명의의 '주거래 계좌' 또는 그와 비슷한 성격의 '월급 계좌'를 가지고 있듯 아이에게도 이런 중심 계좌가 필요하다. 현금이 들어오고 나가는 주된 장소가 먼저 마련되어야 하는 것이다.

입출금 계좌를 만든 다음 적금이나 청약 등과 같은 저축성 상품 계좌를 개설한다. 이때, 저축성 상품은 생애 첫 계좌의 경우 금리 혜택이 있으니 참고하자. 만약 입출금 계좌와 저축성 상품 계좌를 한곳에서 개설하고 싶다면 각 은행별 저축성 상품의 생애 첫 계좌 금리 혜택을 비교한 다음 적당하다고 판단되는 곳에서 한 번에 계좌를 개설해도 좋다. 단, 생애 첫 계좌는 금리 혜택이 높은 만큼 사람들이 많이 몰리고, 하루나 특정 기간 내에 개설 가능한 계좌 수가 한정되기도 해 금방 매진될 수도 있다.

요즘은 은행 지점을 방문하지 않고도 모바일이나 웹 사이트에서 계좌를 개설할 수 있지만 스스로 계좌를 개설할 수 없는 어린아이의 경우는 다르다. 아이가 만 14세 미만이라면 부모가 은행 지점을 방문해 계좌를 개설해야 한다. 아이가 만 14세 이상이라면 모바일 기기를 통한 비대면 계좌 개설이 가능하다(85쪽 참조).

증권 계좌는 증권사에서

증권 계좌를 개설하는 방법은 세 가지인데 증권사 지점을 방문해 개설하는 것, 비대면으로 모바일이나 웹 사이트에서 개설하는 것, 은행 지점을 방문해 증권사 계좌를 개설·연결하는 것이다. 성인의 경우 비대면 개설이 가능하지만 미성년자는 모든 증권사의 비대면 개설이 불가능해졌다. 증권사든 은행이든 지점을 방문해 계좌를 개설해야 한다.

준비할 서류는 은행에서 계좌를 개설할 때 필요한 서류와 동일하지만 일부 지점에 따라 다를 수 있다. 지점을 방문할 때는 사전에 연락해 필요한 서류를 문의하는 게 좋다. 그리고 증권사에 따라 도장을 대신하는 서명이 불가능한 곳도 있으니 되도록 아이 이름의 도장을 가지고 가자.

대표적인 증권 계좌는 CMA 계좌다. 은행의 주거래 계좌처럼 현금을 관리하는 계좌다. CMA 계좌의 대표적인 장점은 이자다. 상품 유형에 따라 일이자, 월이자를 받을 수 있다. 그래서 은행과 비슷한 수준의 저금리여도 복리 효과가 생겨 더 많은 이자 소득을 얻을 수 있다.

또 하나의 장점은 일반 CMA 계좌를 만들면 주식, 연금 등 다른 투자 계좌가 CMA 계좌와 연결된다는 것이다. CMA 계좌를 중심으로 다른 투자 계좌가 파생된다. 계좌 번호도 앞자리는 같고 뒷자리만 2, 3, 4처럼 바뀔 뿐이다. 계좌간 자금 이동이 자유로워 투자가 훨씬 편해지고, 자금을 관리하기도 수월하다. 입출금과 투자 기능이 합쳐진 종합 금융형(종금형) CMA 계좌도 있다.

단점은 원금 보장이나 예금자 보호가 되지 않아 안전하지 않다고 느낄 수 있다는 것이다. 하지만 모두가 그런 것만은 아니다. CMA 운용 방식에 따라 다르다. 종합 금융형 CMA 계좌는 예금자 보호를 받아 원금 손실이 없지만, 지금은 종합 금융형 CMA 계좌를 개설할 수 있는 곳이 별로 없다.

RP Repurchase Agreement 형

비대면으로 CMA 계좌를 개설하면 대부분 RP형으로 개설된다. RP는 환매 조건부 채권, 환매채라고도 한다. 보유 채권을 매각 후에 금리를 더해 다시 사는 방식으로 자금을 운용한다. 주로 금융 기관이 보유한 국공채, 특수채, 신용 우량 채권 등을 담보로 발행하므로 다른 유형보다 안전성이 높다. 금리는 낮은 편이고, 확정 금리를 받는다. 예금자 보호가 되지 않는다. 그래서 원금 손실의 위험이 있지만 RP 계좌에서 투자한 채권은 한국예탁결제원에 예탁이 되어 있어 증권사가 파산해도 안전한 채권은 자금을 회수할 가능성이 높다.

MMF_{Money Market Fund}형

단기 금융 상품에 집중 투자해 얻은 수익을 되돌려주는 실적 배당 상품이다. 금리가 높은 만기 1년 이내의 기업 어음_{CP}, 양도성 예금 증서 _{CD} 등에 투자한다. 단기 자금을 운용하기 좋다. 손실 위험이 지극히 낮지만 원금이 100% 보장되는 상품은 아니다.

MMW_{Money Market Wrap}형

증권사가 한국증권금융에 돈을 위탁해 운용하는 방식이다. 예금, 채권, 발행 어음, 콜론 등 단기 금융 상품에 투자하고 그에 따른 수익을 지급한다. 날마다 이자가 지급되어 원리금(원금+이자)을 재투자해 복리 효과를 볼 수 있다. 수익률은 RP, MMF형보다 낮지만 예치 기간이 길수록 복리 효과를 톡톡히 볼 수 있다. 비대면 개설이 불가능하다. 원금이 한국증권금융에 있어 증권사가 파산해도 투자한 상품이 안전하다면 원금 회수가 가능하다. 수수료(랩보수)가 있다.

발행 어음형

자기 자본 4조원 이상의 초대형 투자은행(한국투자증권, NH투자증권, KB증권 등)으로 지정된 증권사가 자체 신용을 바탕으로 발행하는 만기 1년 이내의 어음이다. 한마디로 신용을 바탕으로 돈을 빌리고 이자를 주는 방식이다. 비대면으로 개설이 가능하다. 증권사가 파산하면 자금을 회수하지 못할 가능성이 가장 크다.

 이 네 가지 유형의 차이는 운용 방식이지만 전문가가 아닌 이상 차이점을 완전히 이해하지 못한다. 그래서 초보자가 CMA 계좌를 개설하는 단계에서는 각 유형의 운용 방식을 기준으로 선택하기 어렵다. 하지만 무엇이든 상관없다, 가장 많이 개설하는 RP형을 고르겠다는 사람은 이런 내용을 몰라도 괜찮다. 네 가지 유형을 꼼꼼히 따져보고 개설하고 싶은 사람은 유형을 선택할 때 수익률을 중점적으로 살펴보자.
 RP형과 발행 어음형은 증권사가 약정한 금리에 따라 이자를 지급받는다. MMF, MMW형은 증권사가 안전 자산에 투자해 발생한 수익을 지급받는다.
 증권사마다 모든 유형의 계좌를 개설할 수 있는 건 아니다. 그러니 방문하고자 하는 증권사 지점에서 원하는 유형의 CMA 계좌 개설이 가능한지 사전에 미리 확인해야 한다.

첫 계좌와 함께 준비하면 좋은 것들

아이 명의의 입출금 계좌 개설은 말 그대로 자산 마련의 첫걸음일 뿐이다. 이제 그다음 단계로 넘어가 아이 자산 마련의 튼튼한 레이아웃, 즉 포트폴리오를 작성하는 게 좋다. 계좌 개설 시 함께 만들어두면 편리하고 쓸모 있는 금융 상품을 소개한다.

주택 청약 종합 저축

 현재 부동산 시장 상황으로 볼 때 무조건 가입해야 하는 금융 상품이 아닐까 생각한다. 그러나 아이에게 청약은 향후 20여 년 후에나 활용 가치가 있는 상품이다. 그때쯤 되면 우리나라는 인구 절벽의 단계에 접어들어 지금과 같은 부동산 전쟁이 일어나지 않을 수도 있다. 혹은 인구 절감으로 빈 집이 늘어나는 대신 서울과 같은 도심은 인구가 밀집해 부동산 가격이 더 치솟고 대다수가 집을 소유하지 못할 수도 있다. 미래 상황은 누구도 알 수 없다. 그래서 청약 상품이 필요하다거나 필요하지 않다는 판단을 내리는 것은 무의미하다.

 요즘과 같은 저금리 시대에 청약은 금리 면에서도 충분히 매력적인 상품이다. 실제로 은행에 방문하여 금리가 높은 적금을 문의하면 청약을 추천해준다. 목돈 마련을 위한 장기 저축이 목적이라면 더더욱 청약 상품은 가입해두기를 추천한다.

 주택 청약 종합 저축은 공공 분양과 민간 분양 모두 가입 기간이 길수록 당첨 확률이 올라간다. 부모들이 미성년자 자녀의 주택 청약 종합 저축 계좌를 개설하는 가장 큰 이유다. 하지만 하루 빨리 계좌를 개설하는 게 정답은 아니다. 오랜 시간 많은 돈을 넣어둔다고 해도 미성년자 명의의 주택 청약 종합 저축은 최대 2년, 240만 원까지만 납입이 인정되기 때문이다.

펀드

 최근 들어 '동학개미운동' 여파로 전 국민 투자 열풍이 불면서 아이를 키우고 있는 부모들 사이에서도 아이 이름으로 삼성전자 주식을 사 줘야겠다는 이야기가 나오고 있다. 주식 투자도 물론 좋은 선택이다. 다만, 주식을 단순하게 사고팔며 이윤 챙기기에만 급급한 투기는 옳지 않다. 삼성전자라고 하더라도 삼성전자라는 기업에 대한 충분한 이해와 확신이 들 때 투자를 이어나가야 한다. 세상이 어떻게 바뀌고 변할지 아무도 모르는 상황이다. 주식에 투자한다면 먼저 투자하려는 기업에 관심을 가지고 공부하면서 투자를 해야 좋은 결과로 이어질 수 있다.

주식 투자를 장기간 꾸준히 이행할 자신이 없는 부모, 아이를 위한 자산 마련의 첫걸음을 막 뗀 부모라면 펀드 상품을 추천한다. 펀드 역시 주식 혹은 채권 등 여러 투자 자산 및 대상에 투자를 하지만 펀드 매니저라는 전문가들에게 맡기며 간접적으로 투자 활동을 할 수 있다는 장점이 있다. 하지만 펀드 투자를 고려할 때도 투자 대상에 대한 공부를 충분히 한 후 투자에 대한 믿음과 확신이 들 때 전문가에게 맡긴다는 식으로 접근하는 것이 좋다.

연금 저축

여유가 있어 다방면으로 자산을 마련해주고 싶은 부모에게는 연금을 추천한다. 국민연금연구원에 따르면 2017년 기준 우리나라 50대 이상 부부가 한 달에 필요한 최저 생활비는 약 176만 원이다. 하지만 이는 생계를 위한 최저 비용일 뿐 적정 수준의 생활비는 243만 원이다. 60세 은퇴를 가정해볼 때 100세까지 40년간 매달 243만 원의 생활비를 준비하려면 현재 기준 11억 6,640만 원가량이 필요하다. 사실상 우리 부모들의 노후 준비도 이렇게 하지 못하고 있는 상황이 대부분일 것이다. 하지만 우리 부모들이 준비하지 못한다고 해서 이런 노후 부담을 우리 아이들에게까지 물려줄 필요는 없다.

결국 노후 비용을 준비하기 위해서는 상당히 부담되는 비용을 꾸준히 모아 나가되 어느 정도의 수익률이 같이 받쳐주는 상품이 필요하다. 여기에 시간까지 뒷받침된다면 더욱 든든한 노후 비용을 마련할 수 있다. 그런 의미에서 연금은 시간이 가져다주는 효과를 톡톡히 볼 수 있는 상품이다. 지금 당장 아이들의 연금 계좌를 준비해 소액으로라도 꾸준히 투자해주는 것이 좋다.

보험은 필요한 것만 최소한으로 챙기자

보험은 만능이 아니다

목돈 마련과 의료비 절감. 예전에는 보험을 더도 말고 덜도 말고 딱 이 정도라고 생각했다. 하지만 의료, 투자, 노후 보장 등 다양한 보험 상품이 생기면서 언젠가부터 보험을 모든 것이 가능한 만능 해결사로 인식하기 시작했다.

하지만 보험이 무조건 좋은 것은 아니다. 여전히, 그리고 엄밀히 말하면 보험은 위험한 사고, 질병이 발생했을 때 경제적 손실을 줄이기 위한 안전장치일 뿐이다. 이 기능 저 기능이 복합적으로 섞인 보험은 이도 저도 아닌 애매한 성격의 상품이다.

변액 보험을 예로 들어보자. 보험료를 펀드 상품에 투자하는 구조인 이 보험을 사람들은 원금에 투자 수익까지 받을 수 있는 기회라고 생각한다. 하지만 변액 보험은 펀드 상품에 투자하기 위해 비싼 수수료를 보험사에 내야 한다. 만약 보험도 들고 싶고 펀드도 들고 싶다면 보험에 넣을 돈을 나누어 일부는 보험사에, 일부는 증권사에 맡기는 게 좋다. 우리가 사는 물건이 생산자, 도매상, 소매상을 거치면서 값이 비싸지듯 금융 상품도 중간 거래자가 생기면 수수료가 추가된다.

저축성 보험, 연금 보험도 마찬가지다. 본연의 목적에 충실한 상품에 가입하는 게 효율적이다. 노후 보장을 위해 매달 10만 원씩 납부하는 연금 보험 상품에 가입했다고 하자. 연금 보험이어도 '보험'의 기능이 있기에 거기에는 필요하지 않은 보험 특약이 포함된다. 그래서 매달 납부하는 보험료에서 일정 수준의 수수료와 보험료를 차감하고 나머지 금액만 연금으로 적립된다. 대부분의 저축성, 투자성 보험 상품들이 이러한 구조다.

보험은 민원이 많은 금융 상품이다. 늘 분쟁이 있다고 봐도 좋다. 돈을 더 내면서 가시밭길을 택할 필요는 없다. 보험은 목적(안전장치)에 맞게 활용하는 정도로만 생각하길 바란다.

어린이보험, 기본만 알아두자

어린이보험은 아이가 병원 치료를 받을 때를 대비한 상품이다. 여기에 태아를 위한 보장, 산모를 위한 보장이 추가되면 태아보험이 된다. 쉽게 말해 출산 전에 가입하면 태아보험, 출산 후에 가입하면 어린이보험이 되는 것이다. 출산 전 가입한 태아보험도 아이가 태어나 출생신고를 하면 어린이보험으로 전환된다.

아이는 면역력과 운동 능력이 발달하는 과정에서 각종 사고나 질병에 노출되기 쉽다. 아무리 관리를 잘한다고 해도 어린이집, 유치원, 학원, 학교 등 단체 생활을 하면 유행성 질병에 걸릴 위험이 있다. 그래서 어린이보험이 필요하다.

그러면 태아보험은 어떨까? 태아보험은 아직 세상에 태어나지 않은 아이에게 혹시나 예상치 못한 이상이 있을 경우, 아이가 태어날 때 그리고 태어난 직후 위험이 발생할 경우를 대비한 상품이다. 가입 여부에 고민이 따를 수밖에 없다. 그래서 출산 후 어린이보험만 가입하면 된다고 생각하는 부모도 있다.

하지만 부모들이 출산 후 꼼꼼하게 따져보고 어린이보험을 가입한다면 보험사로서는 그만큼 손해가 커진다. 그래서 보험사는 태아보험부터 어린이보험까지 한 번에 가입을 유도하기 위해 '임신 22주 이내'라는 조건을 내걸었다. 선천적 장애, 저체중아 출산 같은 기타 옵션들을 보험 조건으로 넣고, 역으로 가입 기간에 제한을 둔 것이다.

보험사의 전략을 부정하거나 해결할 방법은 없다. 부모 입장에서도 아이와 관련한 일이라면 돈을 더 내더라도 위험 부담을 줄이는 쪽을 선택하게 된다. 그러므로 태아보험부터 가입하든 출산 후 어린이보험을 가입하든 원하는 쪽을 고르면 된다. 단, 불필요한 특약은 줄이고, 필요한 보장은 든든하게 챙길 수 있는 '비갱신형' 상품을 선택해 보험료 부담을 조금이라도 줄이자.

불필요한 보험료를 줄이자

부모들은 최대한 안전하고, 완전한 보험 상품을 찾으려고 한다. 그래서 아직 태어나지 않은 아이의 태아보험, 어린이보험을 100세 만기 보장으로 가입한다. 아무리 기대 수명(평균 생존 연수)이 늘어나고, 장기간 보험 혜택을 누리기 위해서라지만 보장 기간을 너무 길게 잡을 필요는 없다.

보험은 가입 기간이 길어지면 그만큼 보험료 부담도 높아진다. 만기를 줄이고 아이가 성인이 되었을 때 필요한 보장이 있는 상품에 가입하는 것이 좋다. 긴 납입 기간을 다 채우지 못하고 보험을 해약하거나 납입 기간 동안 계약을 잘 이행하지 못하면 원금은커녕 터무니없는 돈을 돌려받게 된다. 더구나 보험을 계약하고 2년간 납부한 돈은 수수료나 마찬가지다. 그 기간 동안 납부한 돈은 돌려받을 수도 없다.

앞으로 10년 후가 어떻게 될지도 모르는 상황에서 100세 만기 보험은 너무 먼 미래다. 경제적인 부분만 체크해보더라도 10만 원씩 20년을 납부한다고 가정하면 총 원금은 2,400만 원이다. 이 보험이 보장하는 금액이 1억 원 혹은 5천만 원이라고 가정한다면 보험료가 아깝지 않다고 느껴질 수 있다. 하지만 무턱대고 현 시점에서 비싼 돈을 들이며 먼 미래를 단정 지어버려서는 안 된다. 20년 동안 물가는 상승하고 화폐 가치는 하락한다. 의료 기술 발달로 기존 보험으로는 최신 의료 혜택을 보장받지 못할 수도 있고, 건강 보험 개혁으로 의료 혜택을 충분히 누릴 수도 있다. 어린이보험에 너무 큰돈을 지출하기보다 가정의 경제 상황에 따라 적당한 예산을 정하는 것이 합리적이다.

만약 가입한 보험보다 보험료 지출을 줄이고 싶다면 딱 두 가지만 유의하면 된다.

보장 기간

보장 기간을 조정하자. 100세 만기로 설정한 보장 기간을 30세 또는 60세로 줄이기만 해도 보험료는 줄어든다. 요즘은 어린이보험을 20, 30세로 설정하고 아이가 성인이 되었을 때 새로운 보험을 가입하는 부모들이 늘어나고 있다.

입원 특약

입원 특약이 있는지도 확인해보자. 보험료를 결정하는 요인 중에는 일명 '특약'이라 불리는 여러 옵션들이 있다. 대부분은 보험 가입할 때 복잡한 약관, 조건을 다 확인하느라 이런 특약을 지나친다. 하지만 부담스럽다면, 상황이 여의치 않다면 모든 것을 다 확인할 필요는 없다. 이름이 특이하게 길거나 까다로운 조건들이 붙어 있는 특약만 멀리하자.

가입하지 않았다가 나중에 혹시나 큰일이 나는 거 아닌가 하는 심리적 불안감에 보험을 섣불리 선택하지 않았으면 한다. 그리고 '만일'을 대비해 반드시 들어야 할 보험은 실손 의료 보험이다. 이 보험은 선천적 혹은 후천적 요인으로 건강에 문제가 생기면 가입이 어렵다. 신경 써서 반드시 사전에 가입해놓는 것이 중요하며 경제적으로 부담이 되더라도 최대한 가입을 유지하는 게 좋다.

다시 말하지만 보험은 만능이 아니다. 보험으로 큰 부를 창출한다는 생각은 애초에 버려야 한다. 보험이 만능이라는 착각도 버려야 한다. 여러 마리 토끼를 한 번에 잡으려고 하다가는 상당한 손해만 입을 뿐이다.

안전 자산은 반드시 준비하자

금은 위험할 때 가장 빛난다

금은 대표적인 안전 자산으로 통한다. 금융 시장에 충격이 발생해도 금은 그 가치가 유지되거나 증가한다. 대표적으로 2007년 9월 전 세계 금융 시장의 위기가 감지된 순간부터 금 시세는 위험 자산이라 불리는 주식 시장이 안정화를 찾은 2012년까지 계속해서 가파르게 상승했다. 즉, 주가가 하락할 때 투자자들은 금과 같은 안전 자산으로 몰리고, 그로 인해 금과 증시는 대체적으로 반대로 움직인다.

또한, 종이돈은 지속적으로 발행이 가능하지만 금은 양이 한정되어 있어 화폐 가치가 떨어지는 상황에서도 리스크가 적다. 지금처럼 여러 나라가 경기 안정화를 위해 종이돈의 발행을 늘리고 저금리, 제로금리 제도를 이어간다면 화폐 가치는 하락할 위험이 크다. 그래서 금을 안전

자산으로 지속적으로 매수해 증시나 화폐 가치 하락으로 인한 금융 위기로부터 자산을 보호할 수 있는 힘을 키워야 한다.

하지만 최근 '동학개미', '서학개미'라는 말이 나올 정도로 주식 시장에 열풍이 불면서 안전 자산으로써 금의 가치를 의심하는 사람도 있다. 하지만 반드시 알아야 한다. 꼭 그렇다고 단정 지을 수 없는 상황은 존재하지만 대체로 위험 자산과 안전 자산은 반비례 관계로 서로 다른 움직임을 보인다. 대표적인 위험 자산이라 불리는 주식 시장이 활황일 때는 모든 투자자의 관심이 단연 주식 투자에 쏠리므로 주식 시장에 돈이 많이 몰리는 것이 당연하다. 그만큼 금에 대한 투자 수요는 떨어지고, 이는 시세 하락에 영향을 미칠 수밖에 없다.

지금처럼 금 시세가 하락한다고 해서 안전 자산으로써의 가치가 사라지는 것을 의미하지는 않는다. 단지 지금 당장 금 투자에 들일 비용을 조금 줄이거나 잠깐 지켜봐야 할 뿐이다. 다른 자산들의 시세가 하락하고 위험이 닥치는 최악의 순간, 금은 진짜 돈이 된다.

돌 반지를 선물하는 시대는 지났다

첫돌은 아이에게 생애 첫 금 자산이 생기는 행사다. 이때 받은 금반지, 금팔찌는 손에 끼고 다니기도, 현금처럼 쉽게 써버리기도 어렵다. 그래서 부모는 첫돌에 받은 금 자산을 아이가 성인이 되었을 때 건네줄 생각으로 모두 모아 집 안 깊숙한 곳에 간직한다.

하지만 아이가 클 때까지는 상당한 기간이 남아 있다. 그동안 금을 집 안에 가만히 묵혀두는 것은 정말 비효율적이다. 묵혀둔 금에는 이자가 붙지 않는다. 그리고 과거와 달리 보안이 많이 좋아졌다고 해도 집 안에 돌 반지를 보관하면 도난이나 분실의 위험이 있다.

자산 관리에 밝은 부모는 금반지를 사는 대신 주식이나 펀드 등 유동성이 좋은 자산을 매수해 아이 계좌에 넣어준다. 장기적으로 보면 훨씬 큰 이익을 얻을 수 있기 때문이다. 금반지를 판 돈으로 금 관련 자산을 사는 부모도 있다. 그러나 이 방법은 돌 반지를 이미 산 부모에게만 추천한다. 아무리 심플한 디자인이라고 해도 금반지에는 세공비, 도소매 마진, 부가세, 브랜드 가격 등이 포함된다. 하지만 금반지를 되팔 때 이런 비용은 환산되지 않는다. 오로지 금 중량만큼만 돈으로 받을 수 있다.

금반지를 판 돈을 계좌에 넣어둘 때 혹은 첫돌을 기념해 금 관련 계좌를 개설할 때는 "우리 아이 돌 반지", "○○ 첫돌 축하" 같은 이름을 붙여 그 가치를 그대로 전해주는 것도 좋은 방법이다. 모든 돈에는 저마다 속성과 스토리가 있다. 그런 것들을 아이에게 알려주는 것도 경제 교육에 많은 도움이 된다.

슬기로운 금 투자법 5

실물이 아닌 금 자산을 사는 방법은 금융 기관별로 다양하다. 그중 대표적인 5가지 방법을 소개한다. 모두 장단점이 있기 때문에 잘 살펴보고 자신에게 가장 알맞은 방법을 고르면 된다.

골드뱅킹

골드뱅킹은 시중 은행에서 금 관련 상품을 사고파는 것으로, 금 자산을 구입하는 가장 대표적인 방법이다. 골드뱅킹은 금을 1g 단위로 매매할 수 있지만 사고팔 때 거래 수수료가 1% 발생한다. 이익이 발생할 때는 차익의 15.4%만큼 금융(이자) 소득세를 내야 한다. 금 자산을 마련하는 방법 중 가장 비용이 많이 발생한다. 더구나 단기 투자가 아니라 아이를 위한 장기 투자에서는 차익이 많이 발생해 과도한 세금을 내야 할 수 있다.

금 펀드

아이 명의의 증권 계좌로 금 펀드를 사는 방법이다. 일반 펀드이기 때문에 증권 계좌로 쉽게 살 수 있다. 엄밀히 말하면 금 펀드는 금을 직접 사지 않는다. 국내외 골드마이닝 기업(금 채굴 기업)들에 투자하는 방식이다. 골드마이닝 기업의 주가는 금 가격과 거의 비슷한 움직임을 보인다. 펀드의 매매 절차는 간단하고 별도의 수수료가 없기 때문에 누구나 쉽게 매수할 수 있다.

단, 연 1~2% 수준의 운용 보수가 차감된다. 이 보수는 장기 투자에는 상당한 부담으로 작용한다. 그리고 골드마이닝 기업 대부분은 해외 기업이다. 국내에서 자세한 정보를 접하기 어려워 기업들을 분석한 다음 펀드를 매수하기 어렵다. 펀드별로 편입된 기업들의 종류도 다르다. 만약 금 가격이 30%가량 올랐다고 해도 어떤 금 펀드는 50%가 오르는 반면 어떤 금 펀드는 10%만 오르기도 한다. 금 펀드 투자로 발생한 수익에 15.4%의 금융(배당) 소득세가 부과되는 것도 쉽게 무시할 수 없는 단점이다. 장기 투자로는 적합하지 않다.

국내 금 ETF

증권 계좌에서 국내 시장에 상장된 금 ETF를 바로 매수할 수 있다. 자산 운용사에서 운용하는 것을 ETF_{Exchange Trade Fund}(상장 지수 펀드), 증권사에서 직접 만들어서 운용하는 것을 ETN_{Exchange Trade Note}(상장 지수 증권)이라고 한다. 현재 우리나라 시장에 상장된 금 관련 ETF, ETN은 10개 정도로 선택의 폭이 꽤 넓은 편이다. 금 관련 상품을 찾는 사람들이 많아지면서 그 수요에 맞게 ETF 수는 증가하는 추세다.

운용사	상품	기초 지수(벤치마크)
미래에셋자산운용	TIGER 골드선물(H)	S&P GSCI Gold Index(TR)
미래에셋자산운용	TIGER 금은선물(H)	S&P GSCI Precious Metals Index(TR)
삼성자산운용	KODEX 골드선물 인버스(H)	S&P GSCI GOLD Index Excess Return
삼성자산운용	KODEX 골드선물(H)	S&P GSCI Gold Index(TR)
한국투자신탁운용	KINDEX 골드선물 레버리지(합성H)	S&P WCI Gold Excess Return Index

KODEX 골드선물(H)처럼 금 가격의 움직임만 따라가고 달러의 움직임은 무관한 헤지 ETF도 있고, KINDEX 골드선물 레버리지(합성H)처럼 금 가격의 움직임보다 더 가파르게 움직이는 레버리지 ETF도 있다. KODEX 골드선물 인버스(H)처럼 금 가격과 반대로 움직이는 ETF도 있다. 인버스는 금 가격이 하락할 것에 투자하는 상품이다.

금은 시장 하락에 대비해 마련하는 안전 자산이다. 특히 아이의 자산을 마련하기 위한 투자로 인버스나 레버리지는 적합하지 않다.

금 ETF를 매수하는 절차는 주식 매수 방법과 같다. 대표적인 금 ETF는 거래량도 풍부해 부담 없이 매수할 수 있고 수수료 경쟁으로 인해 매매 수수료도 저렴하다. 금 펀드의 연 보수가 1% 내외인데 금 ETF는 연 0.7% 수준이다. 하지만 금 펀드와 마찬가지로 차익에 대해서는 금융(배당) 소득세 15.4%를 내야 한다.

참고로 국내에 상장된 금 관련 ETF는 모두 선물 지수를 따른다. 선물 지수를 따르는 상품은 현물 지수를 따르는 상품에 비해 운용이 편리하다. 하지만 만기가 존재하기 때문에 만기가 다가온 상품을 다른 상품으로 재투자하는 과정에서 가격 차이로 인해 수익이나 손실이 발생한다(롤오버 효과). 만약 지금은 수요가 없어 가격이 낮지만 앞으로 가격이 오를 것으로 예상되는 상품이 있다면 만기가 도래한 상품(근월물)은 쌀 것이고, 만기가 도래하지 않은 상품(차월물)은 비쌀 것이다. 그렇다면 만기 상품을 다른 상품으로 재투자하는 과정에서 당연히 손실이 발생하게 된다. 국내 금 관련 ETF 상품도 선물 지수를 따르므로 만기 시점에서 **사고팔 때 수익이나 손실이 발생할 수** 있디.

또한, 국내에 상장된 금은 관련 ETF는 환율 변동 위험을 낮추기 위해 환율을 미리 고정시키는 환헤지가 걸려 있다. 금 가격이 오를 것으로 예상되어 금에 투자했는데 환율이 하락하게 되면 금 가격 상승이 상쇄될 수 있다. 이때 환헤지를 한 상품은 달러 가치가 하락할 때 환헤지를 하지 않은 상품보다 유리할 수 있다.

미국 금 ETF

미국 시장에 상장된 ETF를 매수하는 방법이다. 글로벌 시장에서 가장 통용되는 ETF로 국제 금 가격을 따른다. 그중 가장 활발하게 거래되는 상품이 SPDR 골드트러스트와 아이셰어즈 골드트러스트다. SPDR 골드트러스트는 연 보수 0.4%로 다른 해외 금 ETF에 비해 수수료가 높은 편이다. 아이셰어즈 골드트러스트는 그보다는 조금 낮다.

운용사	상품	기초 지수(벤치마크)
SPDR State Street Global Advisors (SSGA)	SPDR 골드트러스트	런던귀금속시장협회(LMBA)
iShares	아이셰어즈 골드트러스트	금 현물 가격
VanEck	반엑 벡터스 골드마이너스	금광기업 지수 (MSCI ACWI Select Gold Mners IMI Index)

해외 금 ETF는 증권 계좌에서 원화를 달러로 환전해 매수하기 때문에 달러 가치에 연동되는 점을 고려해야 한다. 또한 환전 수수료가 부과되고 미국 시장은 한국 시간으로 밤중에 열리기 때문에 예약 주문을 해야 하는 번거로움도 있다.

양도 소득세도 고려해야 한다. 해외에서 발생한 금융 소득은 국내와 적용 세율이 다르다. 1년 동안 해외 투자로 얻은 소득 중 250만 원을 공제한 나머지 금액에 22%의 양도 소득세가 부과된다. 이 양도 소득세를 줄이려면 해마다 250만 원보다 적은 수익을 얻거나 손실이 난 상품을 매도해 전체 수익을 낮추는 전략이 필요하다.

KRX 금시장

공인된 한국거래소에서 금을 매수하는 방법이다. 국내 금 시세를 그대로 반영한 금을 1g 단위로 사고팔 수 있다. 금 현물은 일반 증권 계좌가 아닌 '금 현물 전용 계좌'를 개설해 이용해야 한다. 금 거래 활성화를 위해 만들어진 시장으로, 금 매매로 이익이 발생하면 비과세 혜택을 받을 수 있다.

아이의 경제적 디딤돌을 마련하기 위해 자산을 관리한다면, 특히 아이 계좌로 금을 매수한다면 후에 큰 매매 차익이 발생할 수 있다. 달러 예금이나 금 ETF 등을 이용하면 세금을 내야 하지만 금 현물은 주식처럼 양도 소득세가 면제되고, 주식이 아니기 때문에 증권 거래세, 부가 가치세가 면제된다.

방법도 어렵지 않다. 주식을 거래하듯 모바일 앱으로 금 현물을 사고팔 수 있다. 주식을 해보지 않은 초보 투자자라도 사고파는 방법을 배우기 쉽다. 또한 이렇게 모아진 금이 계속 쌓이게 되어 100g 이상이 되면 '골드바'를 실물로 받을 수 있다. KRX 금시장에서 출고한 골드바는 한국조폐공사가 그 품질을 인증한다. 한마디로 고순도의 금을 받는다는 뜻이다. 단, 출고할 때 부가세 10%, 운반비, 보관료 등의 비용이 발생한다. KRX 금시장을 사칭하는 업체도 있다고 하니 주의하자.

달러, 투자하지 말고 보유하자

달러는 위기도 기회다

금과 더불어 달러도 안전 자산으로 통한다. 달러는 외환 시장에서 금융 거래의 기본이 되는 돈(기축 통화)이다. 그래서 전 세계 대부분의 국가에서 그 가치가 인정된다. 그리고 금융 위기 때 가치가 상승하는 몇 안 되는 자산 중 하나다. 과거 1998년 외환 위기 때는 달러 가격이 1,900원 넘게 올랐고, 2008년 미국발 금융 위기 때는 1,500원으로 급등했다. 이유가 무엇일까?

달러는 환율이 오르면 이익(환차익)을 얻을 수 있고, 환율이 오르지 않더라도 달러 관련 상품에 투자하면 일정 금리로 이익(이자 소득)을 얻을 수 있다. 그래서 금융 위기가 발생하면 투자자들이 달러를 안전 자산으로 사들이는 것이고, 그로 인해 가치가 오르게 된다. 금융 선진국의 자산가, 투자자들은 세계 경제가 좋을 때는 달러를 팔고, 안 좋을 때는 달러를 산다.

    달러에는 분산 투자의 효과도 있다. 우리가 국내에서 하는 투자는 주로 원화를 사용한다. 그런데 우리나라에 금융 위기가 발생했다고 하자. 원화로만 투자를 해왔다면 위기로 인한 손실이 심할 것이다. 하지만 만약 투자를 원화와 달러로 나누어 했다면 국내 경제의 손실을 미국 경제 또는 세계 경제로 분산하게 된다. 한마디로 원화로 입은 손해를 달러로 상쇄하는 것이다. 분산 투자는 투자 위험을 고루 나눌 수 있다.

    하지만 달러를 사고팔며 단기적으로 이익을 얻기는 매우 어렵다. 달러는 세계 경제 추세, 국제 정세 등 우리가 통제할 수 없는 영역에서 움직인다. 전쟁이 일어나거나 국가 간 외교 문제가 발생하는 등 우리가 대응할 수 없는 일이 발생할 수 있기 때문에 달러는 단기적인 시세 차익보다는 장기적인 관점에서 투자해야 한다. 장기적으로 접근해야 환율을 예측하기도 쉽다.

달러는 보유해야 할 자산이다

최근 안전 자산으로써 달러의 매력이 흔들린다는 이야기를 종종 듣는다. 하지만 이는 비단 달러만의 문제가 아니다. 팬데믹 사태로 전 세계 경제 상황이 나빠지자 각국이 시장에 종이돈을 많이 풀면서 그 가치가 떨어지고 있는 것이다. 환율은 달러 가치에 의해서도 움직이지만 우리가 쓰는 원화 가치에 의해서도 움직인다. 달러보다 원화 가치가 더 떨어지면 환율은 상승하고, 달러보다 원화 가치가 더 올라도 환율은 하락하지 않는다. 전 세계 위기 속에서 단기적인 가치 하락에 집중해 달러를 고민하는 행동은 어리석다. 다시 말하지만 달러는 투자가 아니라 일정량 보유하고 있어야 할 자산이다. 특히 자녀를 위한 장기적인 자산 마련 계획에 달러는 반드시 필요하다.

부자들은 달러를 투자 이전에 보유해야 할 자산이라고 생각한다. 자산의 일부를 달러로 바꿔 그대로 가지고 있다가 해외에 나갈 때는 달러를 사용하고, 국내에서는 원화를 사용한다. 자산을 하나의 통화로 묶어두기보다 필요할 때마다 바로 사용할 수 있도록 준비해두는 것이다. 실제로, IMF 당시 환율이 치솟자 아이를 해외로 유학 보낸 많은 부모가 급등한 환율 차이를 감당하지 못하고 유학을 중단시켰다. 그때의 경험에만 비추어봐도 달러를 자산으로 마련해두는 것이 반드시 필요한 일임을 알 수 있다.

이자 소득을 얻는 달러 투자법 3

아이 계좌에서 매월 일정 금액을 달러로 환전하자. 그렇게 모은 달러가 목표 금액을 넘어서면 달러 상품에 투자해 이자 소득도 얻을 수 있다. 이자 소득을 받는 달러 투자에는 대표적으로 세 가지 방법이 있다.

달러 예금

가장 일반적이다. 지갑 속에 있는 현금에는 이자가 붙지 않는다. 달러도 마찬가지다. 실물로 찾아서 집에 보관하면 어떤 이자도 얻을 수 없다. 그래서 대부분 외환 계좌를 만들어 달러를 넣고 1년짜리 예금에 가입한다.

 달러 예금은 연 1.0~1.6%(2020년 1월 기준) 정도 이자를 얻는다. 만족스러울 만큼 큰 수익은 아니지만 우선 물가 상승에 어느 정도 대비할 수 있고, 장기간 누적되면 상당한 수익이 된다. 또한 은행에서 판매하는 달러 확정 금리 상품은 예금자 보호가 적용된다. 금융 기관의 갑작스러운 도산에 대비할 수 있다.

달러 RP

 달러 예금에 비해 인지도는 낮지만 금리가 높다. 달러 RP는 증권사가 보유한 채권을 매수하면 달러로 약정된 확정 금리를 받고, 일정 기간이 지나면 다시 증권사에 채권을 돌려주는 방식이다.

 증권사별로 차이는 있지만 최소 금액이 100달러 정도로 낮으며, 기간도 1년 미만으로 선택할 수 있다.

RP 금리(원화, 2021년 1월 기준)

운용사 기준일	삼성증권	KB증권	NH증권	미래에셋증권	한국투자증권
수시	0.20%	0.40%	0.35%	0.20%	0.35%
7~30일	0.20%	0.40%	0.35%	0.45%	0.40%
31~60일	0.25%	0.40%	0.40%	0.45%	0.45%
61~90일	0.20%	0.40%	0.45%	0.45%	0.45%
91~180일	0.35%	0.40%	0.50%	0.45%	0.45%
181~270일	0.40%	0.45%	0.50%	0.55%	0.45%
271~364일	0.40%	0.45%	0.50%	0.55%	0.45%
365일(1년)	0.40%	0.45%	0.50%	0.75%	0.45%
약정 후	0.10%	0.10%	-	-	-

RP 금리(달러, 2021년 1월 기준)

운용사 기준일	삼성증권	KB증권	NH증권	미래에셋증권	한국투자증권
수시	0.30%	0.30%	0.10%	0.25%	0.30%
7~30일	0.50%	0.50%	0.50%	0.50%	0.50%
31~60일	0.50%	0.55%	0.55%	0.60%	0.60%
61~90일	0.50%	0.55%	0.60%	0.60%	0.60%
91~180일	0.60%	0.60%	0.70%	0.70%	0.70%
181~270일	0.70%	0.70%	0.70%	0.70%	0.70%
271~364일	0.70%	0.70%	0.70%	0.80%	0.80%
365일(1년)	0.70%	0.70%	0.90%	0.80%	0.80%
약정 후	0.30%	0.10%	-	-	-

일반적으로 증권사의 상품은 예금자 보호가 적용되지 않아 위험하다고 생각할 수 있다. 그러나 실제 그 구조를 뜯어보면 그렇지 않다. 달러 RP는 원금(투자한 금액)에 상응하는 채권을 담보로 지급한다. 만기가 되면 증권사가 이 채권을 다시 회수해가며 원리금(원금과 이자)을 돌려준다.

증권사가 건재한 동안에는 약속된 이자를 증권사로부터 받으면 된다. 증권사가 갑자기 없어지거나 심각한 위기 상황에 빠진다고 해도 우리는 가진 채권을 시장에 매도해 원금을 회수할 수 있다. 달러 RP로 손실을 보기 위해서는 해당 증권사가 망하고, 담보로 받은 채권까지 부도가 나야 한다. 이런 이중 장치가 있기 때문에 많은 투자자가 달러 RP를 이용한다.

달러 발행 어음

발행 어음은 이름이 가진 어감과는 달리 일반 투자자들도 쉽게 접근이 가능한 확정 금리형 상품이다. 달러 RP와 마찬가지로 일정 기간을 예치하면 약속된 이자를 증권사로부터 받는다. 달러 RP와의 큰 차이점은 달러 발행 어음이 증권사의 신용으로 발행된다는 점이다. 그래서 달러 RP처럼 담보 형태의 채권은 제공되지 않고 달러 RP보다 높은 금리를 받는다.

만기를 채우지 못하고 중도에 매도할 경우 약정된 금리의 절반을 받을 수 있다. 이는 대부분의 확정 금리형 상품들이 만기 이전에 중도 해지, 매도 시 낮은 금리를 제공하는 점과 비교하면 강력한 장점이다.

발행 어음 금리(달러, 2021년 1월 기준)

운용사 기준일	한국투자증권	NH증권	KB증권
수시	0.30%	0.45%	0.45%
7~30일	0.35%	0.45%	0.45%
31~60일	0.35%	0.45%	0.50%
61~90일	0.35%	0.45%	0.50%
91~180일	0.85%	0.85%	0.85%
181~270일	1.10%	1.05%	1.05%
271~364일	1.10%	1.05%	1.10%
365일(1년)	1.30%	1.15%	1.15%
약정 후	2.00%	2.00%	2.10%

발행 어음 금리(원화, 2021년 1월 기준)

운용사 기준일	한국투자증권	NH증권	KB증권
수시	0.40%	0.50%	0.25%
7~30일	0.40%	0.50%	0.25%
31~60일	0.40%	0.50%	0.25%
61~90일	0.50%	0.60%	0.25%
91~180일	0.70%	0.70%	0.70%
181~270일	0.90%	0.90%	0.80%
271~364일	0.90%	0.90%	0.80%
365일(1년)	1.00%	1.00%	1.00%
약정 후	1.30%	1.00%	1.00%

하지만 증권사의 신용으로 어음이 발행되고 담보 채권이 없다면 그만큼 고려해야 할 리스크도 크다는 의미다. 예금자 보호 또한 되지 않아 증권사의 채무 불이행(디폴트default) 같은 위험한 상황이 생기면 원금을 회수하지 못하게 된다.

그래서 우리나라는 대형 증권사만 발행 어음을 판매할 수 있다. 현재 한국투자증권, NH투자증권, KB증권 3곳만이 초대형 IB 라이선스를 취득해 발행 어음을 판매한다.

이 중 개인적으로 추천하는 방법은 아이 계좌에서 매월 일정 금액을 달러로 환전하고, 100달러가 넘을 때마다 달러 RP 1년 만기 상품을 매수하는 것이다. 1,000달러가 넘으면 달러 발행 어음을 매수해 달러 예금이나 달러 RP보다 좀더 높은 금리를 받아보자.

시장의 하락이 언제 올지 알 수는 없다. 오지 않으면 좋겠지만 만약 그런 상황이 생긴다고 해도 달러로 위험을 분산해두면 아이 계좌에서 발생하는 손실을 상당 부분 방어할 수 있다. 장기 투자일수록 이런 안전 자산을 통한 자산 배분은 반드시 필요하다.

영화 〈국가 부도의 날〉을 보면 달러를 잘 활용하는 방법을 볼 수 있다. 금융 위기가 오면 국내 자산들은 가치가 폭락하고 반대로 달러 가치는 상승한다. 이때 가치가 높은 달러를 원화 자산으로 환전하여 일차적으로 환차익을 얻는다. 그리고 그 원화로 가치가 떨어진 국내 우량 자산들을 매수하는 전략을 취한다. 이것이 금융 위기가 지나면 수많은 자산가가 탄생하는 이유이기도 하다.

주식으로 티끌 모아 태산 물려주자

주식이 답이다

세계적인 투자자 앙드레 코스톨라니 André Kostolany 는 노력으로 부자가 되는 방법으로 3가지를 꼽았다. 첫 번째는 부자인 배우자 만나기, 두 번째는 사업해서 돈 벌기, 세 번째는 투자하기. 앙드레 코스톨라니는 세 가지 방법 중 '투자'가 가장 쉽다고 말했다.

앙드레 코스톨라니의 말처럼 투자는 이윤 추구를 목적으로 하는 자본주의 사회에서 돈을 벌기 가장 적합한 방법이다. 우리나라의 부자 보고서를 보면 많은 자산가가 사업으로 부를 창출한 것을 알 수 있다. 모든 사람이 사업을 할 수는 없다. 그러나 투자는 모든 사람에게 열려 있다.

투자 중에서도 주식 투자는 회사 경영에 간접적으로 참여하는 것과 같다. 한 회사의 주식 일부를 소유한다는 것은 기업의 일부를 소유하는 것이다. 기업이 성장함에 따라 벌어들이는 수익을 주식 지분율만큼 가질 수 있으며(배당), 주가가 상승하면 주식 매도를 통해 이익(시세차익)을 얻을 수 있다.

지금 현재 가진 부를 지키는 것도 중요하지만 그 부를 어떻게 키우고 지켜 나갈지 계획하고 실천해야 한다. 은행 예금, 적금만으로 자산을 관리하면 지금 당장은 안정적일 수 있지만 5년, 10년, 20년이 지나면 부의 척도에서 한참 뒤쳐져 있다는 것을 깨닫게 된다.

세계적인 경제학자 제러미 시겔이 쓴 책 《주식에 장기투자하라》에는 1달러로 미국의 주식, 채권, 금, 달러에 투자했을 경우 1802년부터 2012년까지의 실질 총 수익률이 나온다. 수익률은 달러가 마이너스, 금이 0.7%, 국채가 2.7~3.6%, 주식이 6.6%으로, 주식이 압도적으로 높았다. 1802년에 산 1달러분의 주식은 2012년 704,997달러로 가치가 상승했으며, 그때 보유한 1달러 현금은 0.05달러로 실질 가치가 하락한 셈이다.

자본의 가치 증식에 의해 세상이 움직이는 시스템, 쉽게 말해 돈이 돈을 버는 세상을 자본주의라고 한다. 우리 아이들이 살아가는 세상이 바로 이곳이다. 자본주의가 지금까지 오랜 역사 속에서 살아남을 수 있었던 이유는 어떤 사상이나 체제보다 자유롭고 단순하기 때문이다. 자본주의에서는 누구나 부자가 될 수 있다. 가진 자본의 양에 따라 부자가 되기 쉽거나 혹은 어려울 뿐이다. 이는 부의 양극화가 그만큼 심하다는 것을 의미한다. 투자를 하지 않는다면 이 양극화의 희생물이 될 수밖에 없다. 투자가 필수인 이 시대의 답은 주식이다.

주식 투자, 왜 실패할까?

우리는 투자에 성공해 부를 모은 사람들을 알고 있다. 투자에 실패해 한순간에 모든 것을 잃은 사람들도 알고 있다. 왜 누구는 실패하고, 누구는 성공할까? 앞서 말했듯이 주식의 수익률이 지속 성장을 했다면 주식에 투자한 사람 모두 성공했어야 하지 않을까? 그런데 왜 성공한 사람보다 실패한 사람들이 더 많은 걸까?

투자, 특히 주식 투자에 있어서는 장기 투자를 해야 한다는 말을 들어봤을 것이다. 이 말은 주식 투자의 가장 중요한 원칙이다. 하지만 우리는 눈앞의 이익에 욕심을 낸 나머지 장기 투자를 하지 못하고 단기 투자에 집중하곤 한다. 단기보다 장기가 이익을 얻기에 더 좋은 방법인 줄 알면서 좀더 빨리 이익을 얻고자 조금이라도 손실을 보는 쪽을 택하는 것이다.

실제로 주변에 떠도는 주식 성공 사례 중에는 장기 투자보다 단기 투자로 성공한 이야기가 많다. 그래서 이야기를 들은 대부분의 사람들은 투자를 해서 '빨리' 부자가 되고 싶어한다. 주식 투자를 장기적으로 할 생각이 없기 때문에 직접 투자한 회사가 어떤 사업을 진행하고, 앞으로 어떤 계획을 세우고 있는지에 대해서는 관심이 없다. 회사 사업이나 펀더멘털Fundamental(성장률, 물가 상승률, 실업률, 경상 수지 등 주요 거시 경제 지표)은 제대로 살펴보지 않고 주식을 매매한다.

또한, 사람들이 단기 투자에 집중하는 이유에는 넘쳐나는 정보도 한몫을 한다. 매일 쏟아지는 정보 속에서 무엇이 진짜이고 가짜인지 판단할 겨를 없이 즉각적인 반응으로 주식을 산다. 회사의 가치는 하루

이틀 사이에 나빠지지 않는다. 하지만 정보에 혹하는 사람들은 그 정보의 실효성을 판단하지 못하고 일희일비하며 바로 팔아서 작은 이익을 맛보거나 손실을 줄이려고 한다.

주식을 사고파는 거래에서는 비용(수수료)이 발생한다. 이는 주식뿐만이 아니라 펀드, 부동산, 채권 등 모든 투자에 적용된다. 단기 투자를 여러 번 반복하면 그만큼 수수료가 발생해 결국 수익률을 깎아 먹게 된다. 예를 들어 주식 거래 한 번에 3%의 수수료(매매 및 유관 기관 수수료, 세금 등)를 내야 한다고 하자. 주식 거래를 10번 하면 수수료는 30%가 된다. 1년에 30%의 수익을 내는 것은 어려운 일이지만 30%의 수수료를 내는 것은 아주 쉬운 일이다.

성공적인 주식 투자를 위해서는 인내심이 필요하다. 투자는 시간과의 싸움이다. 조바심을 내면 절대 이기는 투자를 할 수 없다.

성공하는 주식 투자의 기본

성공적인 주식 투자는 투자 원금을 손해보지 않고 수익을 거두는 것이다. 수익은 배당으로 받을 수도 있고 주식의 가격이 상승함에 따라 시세 차익을 얻을 수도 있다. 주식 가격이 상승하거나 배당을 많이 받기 위해서는 투자한 회사의 매출이 성장하고 이익률이 높아져야 한다. 즉, 어떤 회사의 주식을 사는지가 주식 투자 성패의 관건이다.

회사의 가치를 분석하라

첫 번째로 동일 업종을 영위하는 회사 중에서 생산, 마케팅, R&D 및 재무가 뛰어난 회사에 투자해야 한다. 기업은 제품을 만들어 팔면서 이익을 창출한다. 그래서 같은 물건을 만들 때 뛰어난 품질의 상품을 적당한 가격에 만들어낼 수 있는지, 강력한 마케팅으로 소비자들의 구매 욕구를 자극해 매출을 올릴 수 있는지, 높은 브랜드 가치로 제품의 가격이 비싸도 충분히 구매할 소비자들이 있는지, 앞으로 더 좋은 제품들을 만들 만큼 기술력이 있는지 등 기업의 수익성을 결정하는 요소들이 얼마나 뛰어난지를 판단해야 한다.

두 번째로 우수한 인재들이 있는 기업에 투자해야 한다. 앞에서 말한 기업의 수익을 만드는 것은 사람이다. 기업이 지속적으로 성장을 하거나 퇴보를 하는지는 기업을 이끌어가는 구성원에 따라 결정된다. 그래서 최근 기업들은 어떤 분야, 어떤 직책이든 기업의 이미지를 대표하거나 성장을 이끌어가는 주역을 대중에 공개하고, 앞에 나서게 한다. 경영진이 빠르게 교체되는 환경 속에서도 지속적인 혁신을 통해 산업을 이끌어갈 인재를 보유한 회사에 투자해야 한다.

세 번째로 다른 기업들이 쉽게 진입할 수 없는 장벽이 있는 회사에 투자해야 한다. 획기적인 신제품을 만든 회사라고 해도 자본력이 더 뛰어난 회사에서 그 분야에 쉽게 진출할 수 있다면 경쟁 속에서 살아남기 어려울 수 있다. 특허권같이 법적으로 독점적인 권리를 가진 회사, 정유 화학 업체처럼 대규모 시설 투자가 필요해 시설을 만드는 데만 수년 이상 걸리는 회사, 백신이나 치료제같이 새로운 제품을 만드는 데

물리적인 시간이 많이 걸리는 바이오 회사 등 그 회사만의 장벽이 확실하게 구축되어 있어야 한다.

네 번째로는 기업 평가, 성장 가치는 충분히 입증되었지만 주가가 낮은 회사다. 회사의 가치를 모두 반영한 가격이나 그 이상의 가격으로 주식을 매수하게 되면 좋은 투자가 될 수 없다. 좋은 회사를 골랐다면 현재 주식 가격이 낮은지 적정한지 높은지를 판단해야 한다. 그래야 그에 대비해 얼마만큼의 이익을 낼 수 있을지(주가 수익률)를 일차적으로 가늠할 수 있다.

주가 수익률은 현재 주가를 주당 순이익으로 나눈 것이다. 예를 들어 A회사는 주가가 2만 원, 주식 수가 100주, 한 해 순이익이 100만 원이다. B회사는 주가가 2천 원, 주식 수는 100주, 순이익은 50만 원이다. 이 두 회사의 주가 수익률을 비교해보자.

A회사

주당 순이익 = 100만 원/100주 = 1만 원

주가 수익률 = 2만 원/1만 원 = 2

B회사

주당 순이익 = 50만 원/100주 = 0.5만 원

주가 수익률 = 0.2만 원/0.5만 원 = 0.4

지속적으로 수익이 같은 수준으로 발생할 것이라고 한다면 주가 수익률이 낮은 B회사의 가격이 싸다고 볼 수가 있다. 하지만 이것은 주가 수준을 비교하는 지표 중 하나이지 절대적인 지표가 되지는 않는다. 주가에는 향후 앞으로의 미래 수익이 반영되어 있기 때문에 주가 수익률이 낮으면 저평가된 주식으로 볼 수도 있지만 그만큼 미래 수익이 불투명하다고 볼 수도 있다.

기업 분석에서 주식 선택까지 Top-Down, Bottom-Up 방식

기업을 분석하고 주식을 사기까지 대표적인 방법으로는 Top-Down 방식과 Bottom-Up 방식이 있다. 주식을 발굴하는 방법이라고 할 수 있다.

먼저 Top-Down 방식은 경제와 산업을 먼저 분석하는 것이다. 경제가 호황기로 접어들었는지 불황기로 접어들었는지 분석하고 환율, 유가와 같은 경제 요소의 흐름과 기술의 발전 방향을 분석한다.

이를 토대로 앞으로의 유망 산업군을 발굴하고, 산업군 리포트 분석 등을 통해 이 산업이 유망 산업이 맞는지 어떤 방식으로 이익이 발생하는지를 알아본다. 그리고 산업군에 포함되어 있는 기업 리스트를 만든 다음 기업 재무제표 분석을 통해서 이익률이 높은지 낮은지 주가가 고평가되었는지 저평가되어 있는지를 판단하면서 투자하기 적절한 주식을 발굴한다.

반면 Bottom-Up 방식은 Top-Down 방식과 반대로 투자할 회사를 먼저 찾는 전략이다. 기업을 하나하나 찾아가면서 재무 현황과 그 회사의 뉴스 등을 통해 투자하기 매력적인, 성장 가능성이 높은 기업의 리스트를 만든다. 이를 기반으로 경제 주기와 산업 주기를 확인하고 최종 투자 기업을 선정한다.

일반적으로 투자를 처음 시작하는 사람들은 Bottom-Up 방식을 많이 선택한다. 본인이 관심이 있거나 잘 알고 있는 기업에 대한 분석을 하기 때문이다. 대체로 개별 기업의 재무분석 및 회사와 관련된 기사를 찾아보면서 투자를 시작하기 때문이다.

경제나 산업에 대한 이해도가 있는 사람이라면 Top-Down 방식으로 투자를 시작할 수도 있지만 일반적으로는 Bottom-Up 방식으로 시작해 Top-Down 방식으로 진화하게 된다. 보통 투자 초기에는 지식을 쌓기 위해서라도 관심 있는 기업부터 시작하고, 어느 정도 실력이 쌓이면 성장을 주도할 산업을 분석하고 기업을 찾는 Top-Down 방식으로 바뀐다.

나는 어떤 유형의 투자자일까?

인생 한 방 유형

항상 주변에는 주식 투자를 통해 얼마를 벌었다는 자랑을 일삼는 사람들이 있다. 특히나 최근에 전 국민 투자 열풍이 불며 너도 나도 주식 투자를 통해 큰돈을 벌었다는 사람들이 넘쳐난다.

그중에는 대체로 단기 수익을 노리며, 있는 돈 없는 돈을 끌어모아 투자하는 '영끌족'이 있다. 주식 투자를 인생 역전의 기회라고 생각하는 유형이다. 하지만 이런 유형은 되도록 되지 않길 바란다.

사실 전문 투자자들을 제외하고는 주식 투자를 통해 큰 수익을 쉽게 얻을 수 없다. 한두 차례 운이 좋아 성과가 날 수도 있지만 사실상 모두 투자라기보다는 투기에 가까운 활동을 하고 있는 것이다. 주식 투자를 통해 큰돈을 벌고 싶다면 그만큼의 노력이 병행되어야 한다. 투자 정보 혹은 마켓 타이밍을 노리는 한 방 투자로 접근해서는 절대 안 된다.

큰 수익을 얻고 싶다면 그만큼 장기적으로 투자해야 한다는 사실을 잊지 말자. 그러려면 투자를 하는 해당 기업 혹은 투자 대상에 확신을 가져야 한다. 그러기 위해서는 테마 혹은 이슈가 되는 정보에 관심을 갖기보다 앞서 말한 Top-Down, Bottom-Up 방식을 통해 해당 기업을 면밀히 분석하여 투자 대상을 선택하는 것이 중요하다.

이러한 과정에 앞서 부담스럽지 않은 투자금으로 경험을 해보는 것도 중요하다. 무턱대고 시장에 도전하기보다 펀드, 주식, ETF 등 다양한 투자를 경험해보며 스스로에게 잘 맞는 투자 방법을 찾는 것이 좋다.

현실주의 유형

주식 투자를 통해 인생 한 방을 원하는 투자자들과 달리 조금은 현실적인 투자자들이 있다. 큰 수익을 좇기보다 저축의 개념으로 주식을 꾸준히 매수하여 보유량을 늘리고 해당 주식에서 발생되는 배당금을 안정적인 수익으로 얻으려는 사람들이다. 대체로 여유 있다고 할 만큼 자산을 보유한 사람들이 주를 이루며, 요즘은 여기에 주식 배당금을 통해 매달 생활비를 얻겠다는 목표를 가진 젊은 세대가 유입되고 있다.

배당금을 지급하는 기업들의 경우 대체로 안정적으로 사업을 하며 성과를 달성하는 기업들이 대부분이다. 대기업 혹은 중견 기업들이 대표적인데 이런 기업들의 경우 주가의 변동 폭이 그리 크지 않다. 결국 꾸준히 주식을 매수하며 보유량을 늘려 나간다면 어느덧 안정적인 배당금이 꾸준히 지급되고 부동산 투자를 통해 건물주처럼 월세를 받는 것과 동일한 효과를 얻을 수 있다.

만일 은행에서 1980~1990년대와 같이 높은 금리를 보장해줬다면 이러한 성향을 가진 사람들은 투자를 할 이유가 없을 것이다. 은행에 계속해서 돈을 저축하며 이자를 수령하는 것이 가장 합리적이기 때문이다. 하지만 현재는 시중은행의 금리가 제로금리이거나 실질 금리가 마이너스인 상황이기에 주식을 통해 배당 소득을 얻는 것도 좋은 선택이다.

재미 삼아 유형

노년층의 주식 투자도 많이 증가하고 있다. 하지만 이들은 적극적 자산 증식보다 치매 예방이나 용돈 벌이 등을 목적으로 소소하게 투자 활동을 한다. 최근에는 이렇듯 주식 투자는 절대 안 한다며 매우 부정적인 입장을 보이던 보수적인 성향의 사람들도 투자에 관심을 갖기 시작하는 추세다.

만약 이런 유형으로 간단히 투자를 해보고 싶다 생각하는 사람들은 투자에 앞서 스스로 원칙과 기준을 정하고, 그것을 지켜 나가기를 바란다. 어떤 유형이든 모두 지켜야 할 부분이지만 재미 삼아 하는 유형에게는 특히 투자의 원칙과 기준이 중요하다.

시작은 잃어도 부담 없는 돈이라며 단순하게 접근하지만 사람이기에 수익을 보게 되면 더 큰돈을 투자해 많은 돈을 벌고 싶다는 욕심이 생기고 무리한 투자로 이어질 수 있다. 반대로 손실을 경험하면 원금 회복의 심리가 강하게 작용해 투자금을 더 투입할 수 있다. 이런 일들이 꽤나 빈번하게 일어난다. 소소한 재미로 시작한 주식 투자 끝에 목돈, 퇴직금을 잃고 빚까지 진 사례들이 흔하다. 부담 없는 돈, 잃어도 되는 돈이라며 가볍게 시작하는 투자는 그만큼 변질되기 쉽다.

재미 삼아 혹은 경험 삼아 하는 투자라면 정말로 부담 없는 금액으로 부담 없는 수익 목표를 세우고 접근해야 한다. 예를 들어 초기 투자금이 오백만 원이라면 어떤 상황이든 이 금액을 초과해 투자하지 말아야 한다. 또한 오백만 원으로 어느 정도 이익을 얻을지 손실을 감수할지 구체적인 목표를 세우고 시작하는 것이 중요하다. 그러면서 투자 정보에 관심을 가지고, 이슈가 되는 종목들 위주로 매수, 매도를 하기를 권한다.

사고팔 때 원칙이 있다

주식을 사고파는 방법은 단순하다. 사고(팔고) 싶은 종목을 고른 다음 주식을 사는(파는) 것이다.

주식을 살 때는 보통 지정가 주문을 하는데, 사는 사람이 직접 원하는 수량과 가격을 정하는 것이다. 이 외에 시장가, 조건부 지정가, 최유리 지정가, 최우선 지정가 등이 있지만 초보자들은 주식 투자 경험이 어느 정도 쌓인 다음 접근하길 바란다. 여기서는 가장 많이 이용하는 지정가 주문 절차를 소개하겠다.

지정가 주문 절차

먼저 사고(팔고) 싶은 종목을 고른다.

▼

고른 종목의 현재 주가가 얼마인지 호가를 통해 확인한다.

▼

주식을 얼마나 살지(얼마에 팔지) 생각한 다음 그에 맞춰 주식 수량을 입력한다.

▼

매수(매도) 주문을 넣는다.

주문을 한다고 해서 무조건 주식을 구매 가능한 것은 아니다. 주식의 양은 한정되어 있기 때문에 특정 종목에 사람들이 몰리면 모든 주문을 체결할 수는 없다. 그래서 증권거래소는 가격, 시간, 수량을 기준으로 매매 체결의 우선 순위를 정하고 있다.

가격 우선의 원칙

주식을 매수할 때는 높은 가격을 제시한 사람의 주문이 우선적으로 체결되고, 매도할 때는 낮은 가격을 제시한 사람의 주문이 우선적으로 체결된다. 50,000원에 100주 주문과 51,000원에 100주 주문이 있다면 둘 중 51,000원 주문이 우선적으로 체결되는 것이다. 단 10원이라도 더 높게 주문한 사람이 주식을 먼저 살 수 있다.

시간 우선의 원칙

매수 가격이 똑같으면 먼저 주문한 사람의 주문이 우선 체결된다. A회사의 주식을 둘 다 50,000원에 100주 주문했다면 그중 1초라도 빨리 주문한 사람이 주식을 먼저 살 수 있다.

수량 우선의 원칙

모두가 같은 시간에 A회사의 주식을 50,000원에 주문했다면 그중 가장 많은 매수를 선택한 사람의 주문이 우선 체결된다. 대량 주문이 소량 주문보다 유리하다.

주문은 당일만 유효하다. 주문이 체결되지 않았다면 다음 날 주식시장이 열릴 때 다시 주문해야 한다.

첫 주식 투자 시 반드시 알아야 할 것들

금융 업무에도 스마트 시스템이 확산되면서 모바일 앱을 통해 언제든 주식 투자를 할 수 있게 되었다. 대표적인 앱으로는 키움증권의 영웅문S, 삼성증권의 mPOP, 미래에셋증권의 통합 m.Stock, 한국투자증권의 뱅키스, NH투자증권의 나무, KB증권의 M-able(마블) 등이 있다. 실제로 직장인들이 모바일 앱을 이용해 점심시간에 국내 주식, 퇴근 후 집에서 해외 주식을 사고팔며 활발한 투자 활동을 한다.

최근에는 각 앱마다 초보자가 주식을 사고팔 수 있도록 가이드를 제공한다. 그 가이드를 읽고 '이 정도쯤이야'라는 마음으로 주식을 사려고 보면 뜻을 알 수 없는 용어들 사이에서 한참을 헤매게 된다.

또한, 주식을 사고파는 버튼만 누르면 된다고 생각하며 단순하게 접근한 사람들도 로그인해서 주식을 사기까지 여러 차례 시행착오를 겪는다. 아무리 단순하게 만들어진 주식 투자 앱이라도 그렇다. 한 예로, 최근 미국 주식 투자 앱 로빈후드를 사용해 옵션 거래를 하던 20대가 선물과 현물 전환 과정에서 발생하는 시차로 장부상 찍힌 손실액을 막대한 빚이라고 생각해 스스로 목숨을 끊는 사건이 있었다. 투자를 대수롭지 않게 생각하고 섣불리 접근해서는 안 된다.

토스증권처럼 점차 초보 투자자들 입장에서 혼선을 빚을 수 있는 요소들은 빼고, 주식을 사고파는 과정을 단순화하는 곳들이 늘어나겠지만 그래도 직접 주식 투자를 한다면 다음에서 소개하는 기본적인 용어, 절차 등은 알아두길 바란다.

기업 재무 정보를 분석할 때 필요한 용어

매출액: 회사의 주요 영업 활동으로 얻는 수익이다.

영업 이익: 회사의 주된 영업 활동으로 발생된 이익으로 매출액에서 영업 활동으로 인한 비용(매출 원가 및 판매 관리비)을 뺀 것이다.

당기 순이익: 회사의 모든 활동에서 발생된 손익으로 영업 이익에서

영업 외 손익, 법인세를 뺀 순이익이다.

부채·자본: 회사를 운영하기 위해 조달한 자금으로 부채는 주주가 아닌 채무자에게서 나온 자금, 자본은 회사의 주인인 주주에게서 나온 자금을 말한다.

자산: 회사 소유의 경제적 가치가 있는 재산으로 회사가 부채 및 자본을 조달한 자금으로 영업 활동을 하기 위해 투자한 내역이다.

현금 흐름: 영업, 투자, 재무 등 회사 활동에 의한 현금의 유입과 유출을 말한다. 현금 흐름이 플러스(+)면 현금이 들어오고 있음을 의미하며, 마이너스(-)면 현금이 나가고 있음을 의미한다.

주당 순이익: 회사의 당기 순이익을 주식 시장에서 유통되는 주식 수로 나눈 것으로, 주식 1주당 회사의 순이익이 얼마나 되는지를 확인할 수 있다.

PBR Price Book-value Ratio: 주가 순자산 배율이다. 즉, 주가를 주당 순자산으로 나눈 비율로 현재 주가가 회사 주당 순자산의 몇 배인지를 나타내는 지표다.

PER Price Earning Ratio: 주가 수익률이다. 주가가 주당 순이익의 몇 배가 되는지를 나타내는 지표다. 이익을 기준으로 회사 주가가 동일 업종의 다른 회사에 비해 저평가 혹은 고평가되었는지 비교해볼 수 있다.

ROE Return on Equity: 자기 자본 이익률이다. 당기 순이익을 자기 자본으로 나눈 비율로 주주가 투입한 자본 대비 이익이 얼마나 효율적이었는지를 나타낸다.

ROA Return on Asset: 총자산 순이익률이다. 당기 순이익을 총자산으로 나눈 비율로 회사가 영업 활동을 하기 위해 투자한 자산 대비 이익이 얼마나 효율적이었는지를 나타낸다.

배당금: 회사 이익 중 일부를 주주에게 분배하는 것이다.

보통주: 주주 총회의 의사 결정에 참여할 수 있는 의결권이 포함된 주식이다. 일반적으로 주식이라고 하면 보통주를 의미한다.

우선주: 배당 수익률은 높지만 의결권이 없는 주식이다. 회사가 배당을 하거나 해산으로 잔여 재산을 분배할 때 보통주보다 우선적으로 받을 수 있다.

주식을 사고팔 때 필요한 용어

상한가: 국내 주식 시장에서 주식 가격이 하루에 상승할 수 있는 최대치(30%)까지 오른 경우를 말한다.

하한가: 국내 주식 시장에서 주식 가격이 하루에 하락할 수 있는 최대치(30%)까지 내려간 경우를 말한다.

호가: 주식을 사고팔기 위해 부르는 가격이다. 사고 싶은 가격은 매수 호가, 팔고 싶은 가격은 매도 호가라고 한다.

시장가: 현재 시장에서 바로 주식을 팔 수 있는 가격으로 주문하는 즉시 체결된다. 가격을 지정하지 않고 매매할 종목과 수량만 지정하여 주문하는 방법이다.

지정가: 직접 지정하는 가격이다.

시초가: 장이 시작하는 오전 9시 주식 가격을 말한다.

종가: 장이 끝나는 오후 3시 30분 주식 가격을 말한다.

보합세: 주식 가격이 시초가에서 거의 변동 없이 유지되는 시세이다.

손절: 구매한 주식의 단가보다 주식을 낮은 가격에 처분하는 것을 말한다.

실현 손익: 구매한 주식의 단가보다 높은 가격에 주식을 처분해 발생하는 실질적인 수익이다.

공매도: 주식을 보유하지 않은 상태에서 주식을 매도하는 것이다. 주식 가격이 떨어질 것으로 예상되면 보유하지 않은 상태에서 매도 주문을 내는 것을 말한다.

현금·신용·미수: 주식을 살 때 현금으로 구매하는 방법과 신용, 대출 서비스를 이용해 구매하는 방법을 가리키는 말이다. 쉽게 말해 내 돈으로 사느냐 남의 돈을 빌려 사느냐의 차이다. 신용은 증권사로부터 자금을 빌리는 것으로 90일 이내에 주식을 팔아 빌린 돈을 상환하거나 현금으로 상환해야 한다. 미수는 증권사로부터 자금을 빌려 주식을 산 후 영업일 2일 이내에 상환해야 한다.

신용보증금률·증거금률: 신용, 미수를 이용한다고 해도 현금 없이는 주식을 살 수 없다. 신용은 신용보증금률, 미수는 증거금률만큼의 현금이 있어야 한다. 예를 들어 A회사의 주식이 현재 10만 원이고 신용보증금률이 40%라면, 4만 원이 있어야 신용으로 주식을 살 수 있는 것이다.

주식이 어렵다면 ETF를 하자

개미는 초과 수익을 내기 어렵다

기본적으로 개별 종목을 분석하는 것은 시장 전체를 분석하는 것보다 어렵다. 주식 투자는 개별 종목을 분석하고 잘 알아야 하지만 전문 기관이나 투자자가 아닌 이상 개인 투자자는 그런 정보를 획득하기 쉽지 않다. 많은 시간과 노력을 들여야 하고, 그렇게 정보를 획득한다고 해도 이미 전문 기관이나 투자자보다 늦다.

게다가 한 종목에 집중 투자하지 않고 여러 종목에 분산 투자한다면 어느 정도 비중으로 분산해야 할지 고민하며, 그 비중을 유지하기 위해 매일 사고팔기를 반복해야 하는데 다른 본업이 있는 개인 투자자가 하기에는 큰 부담이 따르는 일이다.

또한 개인 투자자가 시장을 이겨 초과 수익을 내기란 매우 어려운 일이다. 전문가라고 하는 펀드 매니저들도 한두 번 시장보다 초과 수익을 내는 것은 가능할지 모르지만 지속적으로 초과 수익을 내기는 힘들다. 이것을 단적으로 보여주는 유명한 일화가 있다. 워런 버핏과 테드 세이데스의 수익률 내기다.

2006년 워런 버핏은 "세계 최고의 전문가들로 불리는 월가의 헤지 펀드 중에서 향후 10년간 ETF보다 높은 수익률을 올리는 펀드가 있으면 50만 달러를 내놓겠다"고 말하며 월가의 유명 헤지 펀드 회사들을 도발했다. 한동안 이 도발에 응한 회사가 없었으나 2007년 프로티지 파트너스 창립자인 테드 세이데스가 응하면서 세기의 대결이 성사되었다.

워런 버핏과 테드 세이데스는 테이블 머니로 각각 32만 달러씩을 내놓았다. 이 테이블 머니(64만 달러)는 미국 국채에 넣어 별도로 관리하며 10년 뒤에 100만 달러로 불어나도록 구성했다. 그리고 게임의 승자가 그 100만 달러를 자선 단체에 기부하기로 약속했다. 워런 버핏은 ETF(S&P 인덱스 펀드)에 투자했고, 테드 세이데스는 직접 고른 5개 헤지 펀드에 분산 투자했다. 둘은 2008년부터 2017년까지 10년간 각자의 누적 수익률을 비교해 승자를 가리기로 했다.

이 내기의 승자는 누구였을까? 결론부터 말하자면 워런 버핏의 압승이었다. 워런 버핏은 연평균 7.1%의 수익을 낸 반면, 테드 세이데스는 2.2%에 머물렀다.

승부가 시작된 첫 해는 헤지 펀드의 수익률이 ETF보다 13% 더 앞섰다. 그러나 2009년부터 ETF가 큰 차이로 앞지르기 시작하면서 대결이 끝날 때까지 줄곧 수익률 우위를 고수했다.

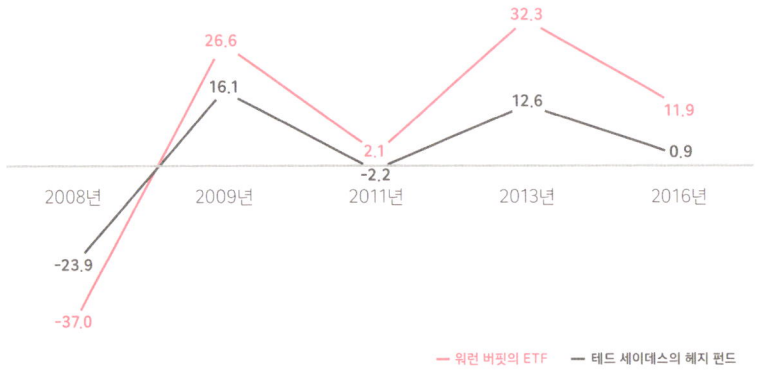

출처: 버크셔 해서웨이 2016년 연간 보고서

주식, 채권보다 ETF

ETF는 주가 지수를 따라 수익률이 결정되도록 설계된 상품이다. 힘들게 개별 종목을 분석하고 매수하지 않고, 주가 지수에 포함된 종목을 시가 총액에 비례해서 투자한다. 그래서 수수료가 저렴하면서 확실한 방식으로 시장 수익률을 따른다. 앞선 대결에서 헤지 펀드의 패배 이유 중 하나가 높은 수수료였다.

 헤지 펀드 매니저들은 시장이 변동할 때 포지션을 늘렸다가 줄이기를 반복하며 레버리지(수익률을 몇 배로 부풀리기)를 일으키기도 하고, 인력을 투입해 높은 수익률을 낼 종목을 찾는 등 적극적인 투자와 운용 방식을 취한다. 그로 인해 시장보다 높은 수익률을 내기도 하지만 그만큼 비용이 많이 발생하게 된다. 손실을 보든 수익을 보든 수수료를 떼어가며, 수익이 나면 성과 보수를 추가로 받는다. 결국 ETF와 같은 수익을 내도 높은 수수료로 인해 실제 수익은 더 적을 수밖에 없다.

ETF의 장점 6

ETF는 펀드를 주식 시장에서 거래할 수 있도록 상장시킨 것으로 펀드가 가진 분산 투자, 간접 투자의 장점이 있고, 주식처럼 거래가 용이하다는 장점을 추가로 장착했다. 여기에서 ETF의 대표적인 장점들을 자세히 살펴보자.

소액으로 다양한 투자

ETF가 가진 장점 중에 가장 중요하다. 주당 가격이 수백만 원에서 수천만 원까지 하는 주식이 있다. 대표적인 예가 워런 버핏의 회사로 유명한 버크셔 해서웨이다. 한 주당 가격이 한화로 무려 4억 원에 달할 때도 있다. 개인 투자자들이 투자금을 훨씬 뛰어넘는 가격의 주식에 투자하기는 어렵다. 그러나 ETF는 하나당 가격이 저렴해 낮은 투자금으로 많은 수량을 살 수 있다. 거기에 부담 없는 금액으로 미국 채권이든 중국 선전 시장의 주식이든 사실상 거의 모든 투자가 가능하다.

저렴한 거래 비용

앞서 말했지만 ETF는 거래 비용이 저렴하다. 기본적으로 일반 펀드보다도 저렴한데, 우리나라 주식형 펀드들의 거래 비용이 평균 1~2%

라면 ETF는 거래 비용이 0.34%이다. 또 중국, 베트남처럼 해외 투자나 레버리지처럼 파생형 상품이어도 거래 비용이 0.6~0.7% 정도다. 거래 비용이 낮은 이유는 액티브 펀드처럼 펀드 매니저가 개입하지 않기 때문이다. 주가 지수를 쫓아가도록 자동적으로 세팅이 가능하다. 게다가 ETF는 매매할 때 증권 거래세(0.3%)가 부과되지 않는다.

투명한 운용

ETF의 시장 가격은 기초 자산의 움직임을 충실하게 반영한다. 그뿐 아니라 어떤 자산에 투자되고 있는지 ETF의 구성 내역과 순자산 가치가 매일 공개된다. 정보가 다 공개된다는 것은 자산 운용사에서 임의로 운용을 할 수가 없음을 의미한다.

실시간 거래

다른 투자 자산에 비해 주식은 바로 사고팔 수 있는 시장이 존재해 유동성이 좋다. 돈이 급하게 필요할 때 현금화할 수 있다는 것은 큰 장점이다. ETF도 주식 시장에 상장이 되어 있어 주식처럼 매매가 가능하고 현금화하기도 좋다. 일반 펀드는 살 때 하루 지나서 주문이 체결되고, 팔 때 최소 4일에서 최대 2주가 걸리지만 ETF는 판 돈이 계좌로 들어오기까지 2일이면 된다.

분산 투자

ETF는 펀드이기 때문에 분산 투자 의무 사항이 적용된다. ETF 속에 주식을 담을 때 최소한 10개 이상의 종목을 담아야 하며, 한 종목을 30% 이상 담을 수가 없다. 그래서 하나만 사도 최소 10개 이상의 다양한 종목에 분산 투자하는 효과가 있다. 몇만 원으로 KODEX 200을 사면 200종목을 다 산 것과 같은 효과를 누릴 수가 있다. 단, 채권 ETF나 원자재 ETF처럼 시장이 갑자기 사라질 수 없다고 판단되는 것들은 ETF에 1가지 종목만 담을 수도 있으니 참고하자.

인버스와 레버리지

일반 개인 투자자들은 주식 공매도를 할 수가 없다. 그래서 주식 가격이 오를 것 같을 때 주식을 사서 가격이 오르면 파는 방법으로만 수익을 낸다. 하지만 파생이 곁들여진 인버스 ETF의 경우 주식 가격이 떨어질 때도 수익을 볼 수 있으며, 레버리지 ETF는 수익이 배로 늘어난다는 장점이 있다. 단, 레버리지 ETF는 손실도 배로 늘어난다.

물론 단점도 있다

ETF랑 관련해 가장 중요한 유의 사항은 추종하는 지수랑 완전히 똑같지 않다는 점이다. 예를 들어 코스피 200 지수는 10%가 올랐는데 ETF는 9%만 오를 수 있다. 이것은 ETF에 추적 오차와 괴리율이라는 두 가지 변수가 존재하기 때문이다. 추적 오차는 순자산 가치와 기초 지수 차이를, 괴리율은 ETF 시장 가격과 순자산 가치의 차이를 의미한다. 순자산 가치가 10,000원인데 현재가가 11,000원이라면 괴리율은 +10%다.

이 괴리율이 0에 근접하는 게 가장 좋으며, 괴리율이 낮을 때 사고 높을 때 파는 것이 바람직하다.

다음으로 ETF는 원금 보장 상품이 아니다. 손실이 난 상태에서 팔면 당연히 원금을 돌려받지 못하고 손실을 부담해야 한다. 그리고 ETF도 주식처럼 상장 폐지가 될 수 있다. 이런 문제점을 피하기 위해서는 거래량이 많아 유동성이 더 풍부한 ETF를 매매하는 것이 좋다.

마지막으로 주식처럼 시장에서 거래되므로 당연히 중개 수수료도 보수 비용도 있다. 그래서 ETF에 장기 투자한다면 거래 비용이 수익률에 미치는 영향이 얼마나 될지 반드시 확인해야 한다. 또한 한국 거래소에 상장되었지만 해외 지수를 추종하는 ETF는 금융 소득 종합 과세가 적용되며, 해외 거래소에 상장된 ETF는 해외 주식과 같이 양도 소득세가 적용된다.

적어도 분야별 Top5 상품은 알아두자

ETF 상품명을 보면 KODEX, TIGER 등 반복해서 등장하는 이름들이 있다. 자산 운용사에서 만든 브랜드이다. KODEX는 삼성자산운용, TIGER는 미래에셋자산운용, KINDEX는 한국투자신탁운용, KBSTAR는 KB자산운용, ARIRANG은 한화자산운용이다.

예를 들어 'KODEX 200'은 삼성자산운용에서 만든 ETF로 코스피 200지수에 투자한다고 이해하면 된다. 참고로 코스피 200지수는 상장 종목 중 국내를 대표하는 우량 기업 200종목으로 구성되어 있다.

KODEX 200의 경우 실제 시가 총액이 5조 4,534억 원가량으로 가장 규모가 큰 ETF다. 구성 종목을 보면 삼성전자, SK하이닉스, LG화학, 셀트리온, 네이버, 삼성SDI, 현대차, 카카오, 포스코, KB금융 등 국내 우량 대기업들에 고루 투자하고 있다.

이처럼 상품명만 읽을 줄 알아도 다음에 등장하는 ETF(2021년 2월 기준)가 어떤 회사에서 어디에 투자하는 상품인지 바로 알 수 있다.

국내 업종·테마 ETF

KODEX 삼성그룹은 삼성그룹에 집중 투자하는 ETF다. 삼성전자, 삼성SDI, 삼성바이오로직스, 삼성물산, 삼성전기, 삼성생명, 삼성화재, 호텔신라 등의 종목에 투자하고 있다. 그중 업종별 보유 비중은 전기 전자업 54%, 유통업 11%, 의약품 10% 등이다.

종목명	현재가	거래량	거래 대금(백만)	시가 총액(억)
KODEX 삼성그룹	10,600	220,178	2,325	18,698
KODEX 2차전지산업	20,425	2,888,666	58,854	10,866
TIGER 200 IT	41,830	580,725	24,174	8,901
TIGER TOP10	15,425	1,447,659	22,289	8,615
TIGER KRX 2차전지 K-뉴딜	18,375	1,332,739	24,342	8,462

국내 파생 ETF

단기적으로 높은 수익을 추구하는 투자자들이 증시의 변동성이 커지면 레버리지, 인버스 ETF를 선호한다. TIGER 200선물레버리지를 예로 들면, 코스피 200 선물 지수를 따르되, 해당 지수가 1% 상승하면 1%의 수익을 얻지 않고 두 배로 손익을 얻게 된다. 반대로 1%가 하락하면 두 배로 손실을 입는다. 이런 구조를 레버리지라고 한다.

인버스는 ETF가 따르는 지수와 반대 수익률을 얻는다. 추종하는 지수가 1% 상승하면 인버스는 1% 하락한다. 그래서 기초 시장이 하락할지 상승할지를 가늠하며 투자를 하는 경우가 많다. 지나치게 과열되어 시장이 많이 상승한 상황에서 일부 하락이 예상된다면 투자하기 적합하다. '곱버스'라는 말이 자주 등장하는데 인버스 수익과 손실 구조가 2배로 직결되는 유형을 말한다.

종목명	현재가	거래량	거래 대금(백만)	시가 총액(억)
KODEX 200선물인버스2X	2,060	318,091,916	658,244	21,463
KODEX 레버리지	27,600	32,322,797	888,001	16,615
KODEX 인버스	3,875	47,974,089	186,393	11,396
KODEX 코스닥150 선물인버스	4,565	27,223,742	124,609	4,305
TIGER 200선물레버리지	20,690	635,046	13,080	1,283

해외 주식 ETF

누구나 쉽게 해외 주식을 거래할 수 있게 되었다. 하지만 과세에 대한 부분이나 기타 사유로 직접 투자를 선호하지 않는 투자자들은 국내에 상장된 ETF를 통해 해외에 투자할 수 있다. 대표적으로 TIGER 미국나스닥100 혹은 TIGER 차이나CSI300은 미국 나스닥 지수 또는 중국 CSI 지수에 투자할 수 있다.

종목명	현재가	거래량	거래 대금(백만)	시가 총액(억)
TIGER 미국나스닥100	684,000	91,085	6,214	6,566
TIGER 차이나전기차SOLACTIVE	14,015	1,413,967	19,802	5,886
KODEX 미국FANG플러스(H)	29,390	521,547	15,288	4,188
KODEX 선진국MSCI World	17,415	35,584	617	3,709
TIGER 차이나CS1300	13,310	377,667	5,008	3,674

원자재 관련 ETF

금, 원유, 농산물 등을 대표적인 원자재로 분류할 수 있다. 기후 변화와 식량 위기, 스마트 농업의 발달로 곡물, 육류, 대두, 커피, 설탕, 밀과 같은 농업 선물 지수에 투자할 수 있다.

종목명	현재가	거래량	거래 대금(백만)	시가 총액(억)
KODEX WTI원유선물(H)	9,010	1,714,559	15,377	3,946
KODEX 골드선물(H)	12,215	316,783	3,870	2,406
KODEX 은선물(H)	5,670	1,469,151	8,313	1,406
TIGER 원유선물(H)	2,710	1,469,151	1,749	1,127
TIGER 농산물선물(H)	5,710	57,896	329	508

채권 ETF

사람들은 비교적 적극적인 투자 활동을 통해 저마다 목표하는 기대 수익률을 달성하고자 한다. 그런 의미에서 채권 투자에 별도의 매력을 느끼지 못할 수도 있다. 결국 시중 은행의 금리와 같을 텐데 왜 채권에, 그것도 채권 ETF에 투자를 해야 할까?

대부분의 주식 투자자들은 마땅한 투자처를 찾지 못하고 예탁금으로 자금을 보유하는 상황에 직면한다. 그럴 때 CMA보다 좀더 유리한 단기 채권에 잠시 투자를 하는 정도로 ETF 채권을 이용한다.

실제 해당 ETF 광고 문구를 보면 "잠자는 주식 예탁금을 깨울 때가 됐다"고 한다. 앞으로 이러한 채권 ETF를 활용해 잠시라도 기대하는 수익을 얻어보는 것이 좋다.

종목명	현재가	거래량	거래 대금(백만)	시가 총액(억)
KODEX 단기채권	102,715	15,979	1,641	19,279
KODEX 종합채권(AA-이상) 액티브	109,590	12,267	1,343	14,960
KODEX 단기채권PLUS	102,970	12,044	1,240	8,868
TIGER 단기통안채	100,080	7,102	710	6,561
KOSEF 국고채10년	121,775	7,102	2,857	2,277

저금리 시대에는
채권 투자에 눈을 돌리자

당분간 저금리는 지속된다

〈응답하라 1988〉에 동네 어른들이 모여 바둑 천재 택이가 받아온 상금을 어떻게 할지 이야기하는 장면이 나온다. 여기서 은행원인 덕선이 아빠는 금리가 떨어져서 15%밖에 안 되긴 해도 꼬박 이자 나오고 안전한 은행에 맡기는 것이 좋다고 말한다. 은행에 돈만 맡겨놔도 돈이 불어나던 시기가 있었다. 하지만 수십 년이 지난 지금, 금리는 그 당시의 10분의 1 수준이다. 왜 은행은 더 이상 높은 금리를 주지 않는 걸까?

금리는 시장의 수요와 공급에 의해 결정된다. 시장에 돈이 많이 돌아서 돈을 손쉽게 빌릴 수 있고 돈을 빌려주려는 사람이 많다면 금리는 하락하게 되고, 시장에서 돈을 구하기 힘들면 돈을 빌리려는 사람은 더 많은 대가를 지불하면서라도 돈을 빌릴 것이기 때문에 금리는 오르게 된다.

그리고 금리는 한국은행이 설정하는 기준 금리의 영향을 받는다. 기준 금리는 한 나라 금리의 기준이 되는 정책 금리를 말한다. 우리나라의 경우 중앙은행인 한국은행이 기준 금리를 통해 통화량을 조절하는데, 한국은행이 기준 금리를 내리면 돈을 푼다고 하고 기준 금리를 올리면 돈을 거둬들인다고 말한다. 금리가 상승하면 시장의 금리가 상승하기 때문에 저축을 하려는 사람은 늘어나고 소비가 줄어든다. 저축이 증가하면 돈이 은행에 묶이게 되고 시장에 돈이 돌지 않아 시중의 자금이 줄어든다.

반대도 마찬가지다. 금리가 하락하면 시장의 금리가 하락하기 때문에 사람들은 저축보다는 소비를 하게 된다. 소비가 증가하면 시중에 돈이 많이 돌게 되고 자산 가격이 상승하고 경기가 활성화된다. 그래서 한국은행은 기준 금리를 통해 통화량을 조절하면서 경기 부양을 하거나 경기 과열을 진정시키는 역할을 한다.

금리는 경제 성장률과 물가의 영향을 크게 받는다. 경제 성장률이 높을수록 투자를 통해 얻을 수 있는 수익이 높아져 대출을 받아서라도 투자나 사업을 하게 되고, 자산 가격이 상승하고 물가가 오를수록 상승하는 자산을 구매하기 위한 돈의 수요가 높아져 금리가 오른다. 반대로 경제 성장률이 낮아질수록 물가와 금리가 하락하게 된다.

우리나라의 경제 성장률은 지속적으로 하락하고 있다. 우리나라뿐만 아니라 세계 경제를 이끌고 있는 미국과 유럽 등 선진국의 경제 성장률도 하락세를 보이고 있다. 또한 최근에는 낮은 물가 상승률과 경기 침체가 지속되면서 각국의 중앙은행도 기준 금리를 인상하기보다는 인하하고 있다.

이러한 저금리 현상은 우리의 투자 방향에 엄청난 영향을 미친다. 은행에 돈을 저금해도 이자를 거의 받지 못하거나 반대로 이자를 내야 되면 사람들은 예금보다는 금융 상품과 부동산에 관심을 기울이게 된다. 현금 흐름이 발생하는 자산에 많은 사람이 몰릴 가능성도 높다. 은행 예금으로 목돈을 만들어 집을 사고 자산을 불리는 시대는 끝났다.

채권은 금리가 빠질 때 투자한다

은행에 돈을 맡기기를 꺼리면서 주식과 같은 공격적인 투자는 싫어하는 사람들이 있다. 그런 사람들에게는 위험 변동성이 주식보다는 적으면서 어느 정도 원금이 보장되고, 은행보다는 조금 더 높은 이자를 얻을 수 있는 채권 투자를 추천한다. 채권 투자가 많은 투자자, 특히 기관 투자자들에게 인기가 많은 이유가 있다.

정기적인 현금 흐름

채권을 영어로 'fixed income'이라고 한다. 고정 수입인 것이다. 채권은 일반적으로 분기에 한 번 또는 반기에 한 번씩 이자를 지급한다. 그래서 지속적으로 이자 소득이 발생하고, 안정적인 현금 흐름을 추구하는 투자자들에게 매력적이다.

주식도 배당으로 소득이 발생하지만 일반적으로 일 년에 한 번 지급되며 금액도 확정되지 않고, 배당 지급 여부를 투자한 회사가 결정하기 때문에 고정적이라고 할 수 없다. 채권은 주식과 달리 만기와 이자 지급일이 정해져 있어 자금 계획을 세우기에도 효과적이다.

원금 보장

채권 투자는 정기적으로 이자 소득이 발생하면서 만기 시점에 투자 원금을 회수한다. 원금이 보장되지 않는 주식과 비교하면 상대적으로 안정적인 투자라고 할 수 있다.

하지만 채권은 중간에 가격이 변동할 수 있다. 가격은 기준 금리, 신용 등급, 경제 상황에 따라 매일 변동한다. 그래서 채권을 매수한 다음 만기 이전에 매도를 한다면 상황에 따라(가격이 내려갔을 때) 손실을 볼 수 있다.

만약 중간에 매도를 하지 않고 만기까지 기다린다면 시장에서 거래되는 채권의 가격이 오르든 내리든 상관 없이 예금처럼 원금과 이자를 받을 수 있다. 예를 들어 A라는 회사가 발행한 금리 5% 채권을 매수한 뒤 이 회사의 신용 등급이 상승하여 시장에서 평가하는 A회사의 금리가 4%로 내려간다면 채권 가격은 상승한다. 신용 등급이 좋아진 A회사의 채권을 매수하려면 4% 금리만 받을 수 있는데, 그 전에 매수해 5%의 금리를 받기로 약속했다면 1%의 이자를 더 받을 수 있기 때문이다. 채권 투자는 은행 예금의 안정성과 주식의 변동성을 모두 가지고 있는 투자라고 할 수 있다.

안정성

과거 외환 위기나 서브프라임발 금융 위기 당시 주식 시장의 변동 폭은 매우 컸다. 하지만 채권은 상대적으로 작은 폭으로 움직이며 주식처럼 가격 변동이 극단적이지 않았다. 그래서 채권이 주식에 비해 안정적이고 덜 위험하다고 여겨진다.

예를 들어 투자자가 A라는 회사에 투자하려고 한다면, 채권 또는 주식에 투자를 할 수가 있다. 만약 투자자가 채권에 투자를 했는데 기업이 파산했다면 이 투자자는 주식을 보유한 투자자에 비해 원금 회수에서 우선적인 권리를 갖게 된다. 즉, 주식보다 원금을 돌려받을 가능성이 더 높다는 것을 의미한다.

이와 같은 채권의 안정성은, 주식과 같이 상대적으로 변동성이 높은 자산으로 구성된 포트폴리오에 분산 효과를 제공한다.

채권의 종류와 방법만 알아도 된다

우리나라 금융 시장은 직접 금융 시장과 펀드, 신탁, 보험과 같은 간접 금융 시장으로 구분되고 있다. 그중 채권은 주식과 함께 직접 금융 시장에서 자본 시장을 구성하고 있다. 개인 투자자들은 대부분 채권 시장과 주식 시장이 있는 자본 시장에서 투자를 한다.

채권의 종류는 기준에 따라 다양하게 구분된다. 하지만 모든 종류를 다 알아둘 필요는 없다. 이 중 발행 주체, 이자 지급 방법으로 분류되는 채권만 기억해두면 된다.

국채·지방채·회사채

국채나 지방채는 중앙 정부나 지방 자치 단체에서 정부 지출이나 경제 활성화를 목적으로 발행한다. 회사채는 일반 기업이 운영 자금을 조달하기 위해 발행하는 채권이다.

이표채

정기적으로 이자를 지급하는 방식의 채권으로 지급 주기는 대부분 3개월 또는 6개월이다. 채권을 발행할 때 가장 많이 발행하는 채권이 이표채이다.

할인채

정기적인 이자 대신 액면가의 할인된 금액을 제공하고 만기에 액면 가로 원금을 회수할 수 있는 채권이다. 예를 들어 표면 이율이 10%이고 만기가 3년, 액면가가 1만 원인 할인채는 발행일에 이자가 선지급되기 때문에 1만 원에서 선지급 이자 3천 원을 제외하고 7천 원에 발행되며 만기에는 1만 원을 회수하게 된다.

복리채

이자 지급 수만큼 이자가 재투자되어 만기에 원리금(원금과 이자)이 동시에 지급되는 채권이다. 예를 들어 만기 3년, 액면가 1만 원, 표면 이율이 5%, 이자 주기가 1년인 복리채가 있다고 하자. 발행 시 1만 원을 투자하면 만기가 되는 3년 후에 원금 1만 원과 이자 1,576원의 합계인 11,576원($10,000 \times (1+0.05)^3$)을 받을 수 있다.

단리채

이자가 재투자되지 않고 만기에 원금과 이자가 일시에 지급되는 채권이다. 예를 들어 앞서 말한 복리채와 조건과 같은 만기 3년, 액면가 1만 원, 표면 이율 5%, 이자 주기가 1년인 단리채는 채권 발행 시 1만 원을 투자하면 만기가 되는 3년 후에는 원금 1만 원과 이자 1,500원의 합계인 11,500원($10,000 \times (1+0.05 \times 3)$)을 받을 수 있다.

고정 금리 채권·변동 금리 채권

주기적으로 지급되는 이자가 확정되어 있는 채권을 고정 금리 채권이라고 하며, 시장 금리가 변동함에 따라 금리가 높아지거나 낮아질 수 있는 채권을 변동 금리 채권이라고 한다.

단기채·중기채·장기채

우리나라에서는 단기채는 통상적으로 만기가 1년 이하의 채권을 말하며, 중기채는 만기가 1년 초과 5년 이하의 채권을 말한다. 대부분의 회사채와 금융채가 중기채에 속한다. 장기채는 만기가 5년 초과의 채권을 말한다. 참고로 미국에서는 만기가 2~10년인 채권을 중기채, 만기가 10년 초과되는 채권을 장기채라고 한다.

전환 사채

일반적인 채권의 특징을 가지고 있지만 발행 기업의 주식으로 채권을 전환할 수 있는 옵션이 있다. 전환 사채는 일반 채권처럼 이자와 원금을 받을 수도 있고 해당 기업의 주가가 많이 상승하게 되면 채권을 주식으로 바꾼 다음 매도해 시세 차익을 얻을 수도 있다.

전환 사채는 성장성이 기대되지만 현재는 매출이 적어 운영 자금이 필요한 회사, 회사의 신용 등급으로 채권을 발행하기에는 이자 부담이 큰 회사들이 주로 발행한다. 발행자 입장에서는 필요한 자금을 적은 이자 부담으로 모을 수 있으며 투자자 입장에서는 채권의 안전성을 가지면서 회사 성장에 따른 자본 차익도 기대할 수 있다.

신주 인수권부 사채

해당 기업의 신주(새로 발행한 주식)를 받을 수 있는 권리를 가진 채권으로 전환 사채는 주식으로 바꾸면 채권이 소멸하지만 신주 인수권부 사채는 신주 인수 권리를 사용해도 채권은 그대로 있다. 단, 주식을 받기 위한 자금을 따로 납부해야 하는데 자금을 채권으로 납부(대용 납입)하면 채권이 소멸하게 된다.

채권 투자, 무엇을 조심해야 할까?

채권 발행자가 원금 상환을 약속해도 경제적으로 어려움에 맞닥뜨리게 되면 원금 상환 약속이 지켜지지 않을 수 있다. 그래서 채권의 신용도로 투자하려는 채권의 위험도를 예측해야 한다.

대출을 받을 때 개인의 신용 등급에 따라 대출이 나오듯이 채권 또한 회사의 상태에 따라 신용 등급이 매겨진다. 이 신용 등급에는 채권 발행자가 가지는 전반적인 신용 위험이 반영된다. 다시 말해, 발행자가 원금 상환 또는 이자 지급을 정해진 날짜에 수행할 가능성이 얼마나 있는지를 나타내는 것이다.

이러한 채권의 신용도는 채권의 금리와 가격에 반영이 된다. 그래서 채권에 따라 이자를 지급하는 금리가 다 다르다. 금리가 높을수록 수익률이 좋은데, 그러면 투자자는 수익이 많이 나는 채권에 무조건 투자를 해야 할까?

채권의 금리는 기본적으로 채권을 발행하는 발행 주체의 신용도에 따라 결정된다. 은행에서는 돈을 빌려줄 때 직장이 안정적이고 월급도 많고 신용도가 높은 사람과 돈을 빌려가면 잘 갚지도 않고 갚을 능력이 의심되는 사람에게 같은 금리로 돈을 빌려주지 않는다. 신용도가 높은 사람은 시중 은행에서 낮은 금리로 돈을 빌릴 수 있지만 신용도가 낮은 사람은 1금융권이 아닌 곳에서 높은 금리로 돈을 빌려야 할 것이다. 이처럼 채권도 신용도가 높은 정부나 지자체에서 발행하는 국공채의 경우 금리가 낮다. 정부가 망할 것이라고 생각하는 사람은 없기 때문이다. 하지만 일반 기업이 발행하는 회사채는 정부보다 신용도가 낮으며 망할 위험이 있어서 금리가 높다.

신용도가 낮은 채권은 투자자들이 망할 위험을 감수하고 투자하기 때문에 위험에 대한 대가로 이자를 많이 준다. 수익률이 높은 채권은 그만큼 망할 가능성이 높다는 점을 유의하자.

정크 본드, 하이 일드 채권 VS 투자 등급 채권

채권이 주식에 비해 원금 회수 가능성이 크다고 해서 모든 채권이 그런 것은 아니다. 이자율이 높거나 가격이 만기에 돌려받을 수 있는 액면가에 비해 현저하게 싼 채권이 있다. 이런 채권은 신용 평가 기관에서 투기 등급으로 분류하는데, 정크 본드 또는 하이 일드 채권이라고 한다. 반대로 상대적으로 우량한 채권은 투자 등급 채권이라고 한다. 투자 등급 채권은 통상적으로 하이 일드 채권보다 덜 위험하고, 낮은 수익을 제공한다.

하이 일드 채권은 채권 발행자의 신용도가 낮아 원금을 회수하지 못하고 이자를 지급하지 못할 가능성이 높다. 따라서 하이 일드 채권을 발행하는 기업들은 채권과 관련된 추가적인 위험성을 보상하기 위하여 더 높은 이자를 제공한다. 지속적으로 적자가 나거나 기술력은 있는데 아직 회사가 정상 궤도에 오르지 못한 바이오 또는 테크놀로지 기업이나 부동산 개발 업체의 채권은 하이 일드 채권으로 분류되곤 한다.

투자 시 원금 손실을 회복할 수 있는 기간이 다소 여유로운 젊은 투자자들은 다각화된 포트폴리오에 하이 일드 채권을 포함하는 것을 추천하지만 연령대가 높은 투자자 또는 안정적인 수익을 원하는 보수적인 투자자는 국공채와 같은 투자 등급 채권 투자가 적합할 것이다.

투자 등급 채권과 하이 일드 채권을 구분하는 일반적인 기준이 있다. 가장 공신력이 높은 3대 신용 평가 기관인 스탠더드앤드푸어스S&P, 무디스Moody's, 그리고 피치Fitch의 일정 등급 이하를 하이 일드 채권으로 분류한다. 스탠더드앤드푸어스의 신용 등급 분류를 예로 들면, 'BBB-' 이상의 높은 등급을 가진 채권은 투자 등급 채권으로 분류하고, 'BBB-'보다 낮은 등급의 채권은 하이 일드 채권으로 분류한다.

피치	스탠더드앤드푸어스	무디스	등급 설명(무디스 기준)	
AAA	AAA	Aaa		최소한의 신용 리스크
AA+ AA AA-	AA+ AA AA-	Aa1 Aa2 Aa3		매우 낮은 신용 리스크
A+ A A-	A+ A A-	A1 A2 A3	투자 등급	낮은 신용 리스크
BBB+ BBB BBB-	BBB+ BBB BBB-	Baa1 Baa2 Baa3		중간 신용 리스크
BB+ BB BB-	BB+ BB BB-	Ba1 Ba2 Ba3	투기 등급	상당한 신용 리스크

B+ B B-	B+ B B-	B1 B2 B3	투기 등급	높은 신용 리스크
CCC+ CCC CCC-	CCC+ CCC CCC-	Caa1 Caa2 Caa3		매우 높은 신용 리스크
CC C	CC C	Ca		회복 가능성이 있는 디폴트 상태 또는 그 근접 상태
DDD DD D	SD D	C		회복 가능성이 거의 없는 디폴트 상태

채권의 신용 등급은 경제 상황이나 발행자의 재무 상태 등의 변화에 따라 상향 조정되거나 하향 조정된다. 한때 우량 회사였다가 상황이 안 좋아져 기업 회생을 신청하게 되면 투자 등급 채권이 하이 일드 채권이 되는데 이러한 경우를 '천사의 추락'이라고 한다.

일반적으로 경제 상황이 악화될 때는 투자 등급 채권, 호황일 때는 하이 일드 채권에 대한 수요가 증가한다. 경기가 좋으면 기업들이 망할 확률이 줄어들기 때문이고 경기가 안 좋아지면 멀쩡한 회사도 망할 수 있기 때문이다.

반드시 수익률을 확인하자

복잡한 수식에 숫자를 넣어가며 수익률을 계산할 필요는 없다. 요즘은 증권사 앱에서 수익률을 확인할 수 있다. 여기서 하고 싶은 말은 금리는 정기적으로 지급되는 이자의 금액을 나타낼 뿐 투자로 인한 수익률을 나타내는 것이 아니므로, 투자 전에는 수익률을 반드시 확인해야 한다는 것이다.

참고로 채권 수익률은 채권 내부적인 요건으로는 채권의 남은 만기일이 길수록, 발행 주체의 신용 위험이 높을수록(신용 등급이 낮을수록), 유동성 위험(채권의 현금화가 필요할 때 해당 채권의 수요와 공급이 원활하지 않고 적정 가격으로 거래하기 어려워 급하게 매도할 경우 채권의 가치가 하락할 위험)이 높을수록 커진다. 외부적인 요건으로는 경기가 개선되어 자금 수요가 증가하거나, 물가가 상승하고 기준 금리가 인상되고 채권의 수요가 공급에 비해 적을 때 수익률이 커진다.

일반적으로 채권 시장에서 형성되는 시장 가격에 따라 수익률이 결정되며 최종 호가 수익률과 시가 평가 수익률이 있다. 최종 호가 수익률은 채권 시장의 금리로, 금융투자협회가 회원사 10개 회사로부터 채권의 최종 호가를 접수하여 산출 고시하고 있다. 그리고 시가 평가 수익률은 해당 채권의 가치를 적정하게 평가하기 위해 사용하는 수익률로, 민간 채권 평가사의 수익률을 평균하여 고시한다. 두 수익률 모두 금융투자협회(www.kofiabond.or.kr)에서 매일 확인할 수 있다.

건물주처럼
매달 임대 소득을 얻자

소액으로 건물주가 되는 리츠

우리나라만큼 부동산을 투자 수단의 가장 우선순위로 생각하는 곳도 드물다. 2020 미래에셋 은퇴라이프 트렌드 조사 보고서에 따르면 가계 자산 평균 4억 3,191만 원 중 금융 자산은 24.4%(1억 570만 원), 부동산을 포함한 실물 자산은 75.6%(3억 2,621만 원)에 해당한다. 이는 우리나라 가계 자산 대부분이 금융 자산보다는 실물 자산, 즉 부동산에 치중되어 있음을 보여준다.

부동산이 많으면 거주도 하고, 임대해 소득을 얻기도 하고, 아이가 자라면 증여도 하겠지만 아파트 한 채 사기도 버거운 세상에서 건물을 가진 부모가 몇이나 될까. 하지만 건물을 살 수는 없어도 건물을 소유한 것처럼 임대 수익을 얻을 수 있는 상품이 있다. 바로 리츠REITs다.

리츠에는 "소액으로 건물주가 될 수 있는", "벽돌 한 장을 만 원 주고 살 수 있는", "배당주보다 배당을 많이 받는"이라는 수식어가 붙는다. 쉽게 말해 리츠는 부동산 투자 신탁이다. 투자자들로부터 자금을 모아 부동산 또는 부동산과 관련한 대출에 투자하고, 수익을 배당받는 부동산 증권화 상품의 일종이다. 증권의 뮤추얼 펀드와 비슷하지만 투자 대상이 부동산 개발, 임대, 주택 저당 채권 등 부동산에만 집중된다.

집 옆에 있는 상가가 5억 원에 매물로 나왔다고 하자. 그 상가 안에는 3대째 장사를 하는 떡볶이 맛집이 있어 상권이 잘 조성되어 있고, 그만큼 월세를 꼬박꼬박 받을 가능성이 높다. 이때 5억 원을 혼자 마련하기 어렵다면 친구를 모아 갹출로 마련하는 방법이 있다. 임대 수익은 투자한 비율만큼 나누어 갖는다.

투자를 하고 보니 임대 수익이 좋아 또 친구들과 돈을 모아 옆 동네에 있는 상가를 사고 임대 수익을 나누어 갖는다. 이런 방식으로 세 번째, 네 번째 상가를 사다 보면 간혹 월세를 잘 안 내는 곳도 나올 테고, 여러 상가를 관리하기가 어려워진다. 매달 임대 수익을 나누기도, 같이 투자할 친구들을 모으기도 힘들다. 그래서 리츠가 생긴 것이다. 리츠는 부동산 투자 회사가 투자할 대상을 고르고 관리하며 투자자들을 모은다. 분배금도 세법이 정한 요건에 맞춰 안정적으로 나눈다.

리츠의 장점

차라리 부동산에 직접 투자하는 게 낫지 않을까? 리츠에 투자하면 당연히 수수료가 발생할 수밖에 없을 텐데, 왜 굳이 리츠를 이용할까?

리츠에는 부동산 직접 투자보다 더 나은 장점이 있다. 먼저, 소액 투자가 가능하다. 대형 빌딩과 같은 부동산 투자는 대규모 자산이 필요하지만 리츠를 이용하면 소액으로도 대형 빌딩에 투자할 수 있다.

둘째, 투자한 부동산 관리에 신경 쓰지 않아도 된다. 직접 투자는 비용뿐만 아니라 관리에 시간을 들여야 한다. 부동산 관련 법규도 숙지하고 이행해야 한다. 그러나 리츠는 부동산 투자 회사가 운용하기 때문에 직접 관리하지 않아도 된다.

셋째, 배당금을 월별 또는 분기별로 받을 수 있다. 리츠가 오피스 빌딩 같은 상업용 부동산을 투자 대상으로 삼는 이유는 저금리 시대에 은행 예금보다 높은 금액의 월세를 받기 위해서다. 국내 리츠는 매달 배당금을 지급받지 않지만 미국 리츠는 월세처럼 매달 배당금을 지급받는다.

넷째, 리츠는 유동성이 높다. 부동산은 투자 금액도 많고 수수료도 비싸다. 대표적으로 유동성이 떨어지는 투자 자산이다. 하지만 리츠는 부동산을 증권화하여 거래소에 상장하기 때문에 유동성이 높고, 그로 인해 매매가 활발히 이루어진다.

다섯째, 부동산 취·등록세가 50% 감면된다. 부동산을 살 때 내는 세금도 만만치 않다. 하지만 리츠를 이용하면 세금을 일정 부분 감면받는다. 수수료가 줄어든 만큼 수익률은 높아진다.

리츠의 단점

그러나 결국 리츠는 부동산을 베이스로 한 주식이다. 주식 시장에서 거래가 되고 매일 가격이 변하기 때문에 같은 배당을 받아도 매수 가격에 따라 수익률은 차이가 날 수 있다. 예를 들어 리츠 투자를 통한 배당금이 500원이라고 하자. 해당 리츠를 1주 보유하고 있다면 배당금 500원을, 2주라면 배당금 1,000원을 지급받는 것이다. 하지만 누군가 좋은 기회로 5,000원에 1주를 매수했다면 투자 배당금은 500원, 즉 10%의 수익을 얻게 되지만 반대로 1주를 50,000원에 매수한 사람은 1%의 수익을 얻게 된다.

그리고 리츠에는 개별적인 리스크가 존재한다. 세입자가 장사가 안되어 월세를 못 내거나 빈 상가에 다음 세입자가 들어오지 않거나 부동산 전체 시장에 위기가 닥칠 수 있다. 그러면 안정적인 대체 투자라고 할지라도 손실이 발생할 수밖에 없다.

또한, 국내 리츠 시장은 기관 투자자 위주의 사모 형태로 발전하다 보니 다른 국가들에 비해 규모가 작은 편이다. 리츠가 발달한 미국, 우리와 비슷한 시기에 리츠를 도입한 싱가포르와 비교해도 국내 리츠 시장의 규모가 매우 작다.

리츠 종류와 투자법

국내 상장 리츠는 NH프라임리츠, 롯데리츠, 신한알파리츠, 이리츠코크렙, 미래에셋맵스리츠, 코람코에너지리츠, ESR켄달스퀘어리츠 등이

리츠	유형	자산	주요 임차인	배당 기준일
NH프라임리츠	오피스	서울스퀘어, 강남N타워, 삼성물산서초, 잠실SDS타워 등 서울 핵심 업무 권역에 입지한 프라임 오피스	삼성화재, 삼성SDS	5월, 11월
롯데리츠	리테일	롯데백화점(강남점, 구리점, 광주점, 창원점, 의왕점), 롯데마트, 아울렛, 물류 센터 일부	롯데쇼핑, 롯데글로벌로지스	6월, 12월
신한알파리츠	오피스	판교크래프톤, 용산리츠더프라임타워, 신한알파광교리츠대안빌딩, 트윈시티남산, 신한N타워	신한생명, 크래프톤, NAVER	3월, 9월
이리츠코크랩	리테일	이랜드 뉴코아울렛(야탑, 일산, 평촌, 중계, 분당)	이랜드리테일	6월, 12월
미래에셋맵스리츠	리테일	롯데아울렛(수원, 광교)	GS리테일	5월, 11월
코람코에너지리츠	주유소	서울, 수도권, 지방 광역시에 있는 현대오일뱅크 주유소	현대오일뱅크	5월, 11월
ESR켄달스퀘어리츠	물류 센터	도심, 외곽 순환, 부산권에 있는 물류 센터	쿠팡	5월, 11월

있다.

 장기 임대 계약을 맺고 있다면 장기적으로 꾸준한 배당을 기대할 수 있다. 그래서 리츠를 고를 때는 주요 임차인을 함께 살펴보길 바란다.

 상장 리츠만 250여 개에 달하는 미국 리츠도 몇 가지 소개한다. 리얼티인컴은 6,000여 개의 리테일 부동산을 포함한 대표적인 월 배당 리츠다. 글로벌넷리스는 오피스 리츠로 미국 기준으로는 규모가 작지만 국내 투자자들이 가장 선호한다. 마지막으로 요양 시설만 1,000여 개 정도 보유한 오메가헬스케어 리츠도 인구 고령화로 건강 관리에 관심이 많아지는 지금 주목해볼 만하다.

 리츠는 결국 주식과 같다. 특정 기업의 주식이 거래소에 상장되어 투자자들이 사고파는 행위에 따라 가격이 변동하듯이 리츠 또한 동일하게 거래소에 상장되어 있는 하나의 종목으로 보면 이해가 쉽다. 차이가 있다면 하나의 기업이 상장되어 있는 것과 달리 리츠라는 상품들이 상장되어 있는 것이다. 다만 해당 상품은 부동산 시장과 같은 특정 투자를 영위하며 이에 따라 발생하는 수익금을 주주들에게 나눠주는 형태를 이루고 있다. 그렇기에 리츠에 투자를 하고 싶다면 관심 있는 부동산에 투자하고 있는 리츠를 찾아 해당 종목을 웹 사이트나 모바일 앱을 통해 주식처럼 검색하고 매수하면 된다.

리츠 투자는 주식 투자와 같이 리츠 회사에 대해 공부하는 것이 중요하다. 리츠가 투자하고 있는 대상의 이름(브랜드 네임)만 체크해서는 안 된다.

리츠 투자의 리스크는 여러 가지가 있다. 그중 일반적으로는 단연 주식 가격의 변동성에 따른 위험이 있으며, 경기 침체 상황에서 부동산을 매각할 때 발생하는 차익에 따라 손실이 발생할 위험이 있다. 금리가 상승할 때는 상대적으로 비용이 많이 발생할 수 있으며, 투자하고 있는 부동산 자산에 대한 임대차 계약 갱신 및 대출 연장 같은 신용 위험이 있을 수 있다. 이런 부분들을 면밀히 체크해보고 투자를 하는 것이 중요하다.

만약 리츠를 직접 하기 어렵다면 부동산 펀드를 통한 간접적인 투자도 대안이 될 수 있고, 투자 자문사와 같은 금융사의 자문 서비스를 통해 리츠 투자에 도움을 받을 수 있다.

04

경제적 디딤돌을 키우는 절세법

부모편

자산 관리의 마지막은 세금이다

누구도 피할 수 없다

미국 건국의 아버지 벤저민 프랭클린은 사람이 절대로 피할 수 없는 두 가지가 죽음과 세금이라고 했다. 사람은 누구도 죽음을 피해 갈 수 없듯이 국민의 기본적 의무인 세금 또한 피해 갈 수가 없다.

미국의 전설적인 마피아 두목 알 카포네도 세금은 피하지 못했다. 그는 금주법 시대 밀주, 매음, 도박 등으로 큰돈을 벌고 1927년에는 무려 1억 달러가 넘는 소득을 얻었다. 온갖 불법적인 일들을 일삼았지만 법정에 설 때마다 막대한 돈으로 정치인과 경찰을 매수해 번번히 증거 불충분으로 풀려났다. 하지만 1939년 무소불위의 힘을 휘두르던 알 카포네는 재무부 특별수사관 엘리엇 네스에 의해 탈세 혐의로 붙잡힌다. 그를 무너뜨린 것은 FBI가 아닌 국세청이었다.

세금을 피하기 위해 햇빛과 바람을 포기한 사례도 있다. 17세기 영국에서는 비싼 주택 소유자에게 세금을 더 많이 걷기 위해 창문세를 도입했다. 유리 가격이 비쌌기에 창문이 많은 집일수록 부자일 가능성이 높다고 판단한 것이다. 하지만 세금을 내기 싫었던 사람들은 창문세가 도입되자 창문이 없는 집을 짓거나 기존에 있던 창문을 막아버렸다.

예전이나 지금이나 세금을 피하고 싶은 마음은 변함이 없을 것이다. 하지만 "피할 수 없으면 즐겨라"라는 말이 있듯이 우리는 이 피할 수 없는 세금에 대해 잘 알고 제대로 맞서야 한다. 열심히 투자를 하고 부를 창출하는 것에만 집중하고, 모은 돈에 대한 세금에는 소홀하다면 힘들게 모은 돈을 세금으로 잃어버릴 수 있다.

세는 돈(세금)을 줄여야 이익이 많아진다

저금리 시대 많은 사람이 투자에 뛰어들고 있다. '동학개미운동', '서학개미운동'이라는 말까지 생겨났을 정도로 나이를 불문하고 투자가 일상이 되고, 투자를 하지 않으면 뒤처지는 시대가 도래한 것이다. 2000년대에만 해도 대부분의 사람들은 은행 보통 예금을 급여 계좌로 활용하고 목돈 마련을 위한 정기 적금이나 정기 예금을 이용했다. 하지만 지금은 증권사 CMA 계좌를 급여나 생활비 계좌로 활용하고, 주식 채권뿐만 아니라 펀드, ELS, DLS 등 다양한 투자 상품에 가입하는 사람들이 많다.

하지만 세금을 잘 모르고 투자를 하면 제대로 된 투자를 할 수가 없다. 금융 상품에서는 이자 소득, 배당 소득, 양도 소득 등 다양한 소득이 발생한다. 이 중 대부분의 세금은 이자 소득과 배당 소득을 포함하는 금융 소득이다. 금융 소득은 소득을 지급해주는 금융 기관이 수익금 중의 일부를 세금으로 미리 떼서 납부하고(원천 징수) 남은 금액을 투자자에게 지급하는 것이다. 세율은 기본적으로 15.4%이다. 하지만 1년 동안 이자 또는 배당을 많이 받아 금융 소득이 2천만 원을 초과하면 금융 소득세만으로는 세금 납부가 끝나지 않는다. 다른 소득과 합산해 누진세율이 적용된다(221쪽 참조).

예를 들어 금융 상품에 투자해 천만 원의 수익을 벌었다고 가정해보자. 비과세 상품에 투자했다면 천만 원을 다 받을 수 있지만, 일반 세율이 적용되는 상품에 투자했다면 금융 소득세 15.4%(154만 원)를 원천 징수하고 846만 원을 받게 된다. 거기에 다른 금융 상품에서도 소득이 발생해 전체 금융 소득이 5천 만원을 넘었다고 하자. 그럼 종합 과세가 되어 누진세율 24%가 적용된다.

이처럼 세금에 따라 누군가에게는 수익률이 좋은 금융 투자 상품이 다른 누군가에게는 수익률이 좋지 못한 상품이 될 수도 있다. 같은 수익을 냈더라도 세금에 따라 최종 수령액이 달라지기 때문이다.

최고의 공격은 방어라는 말처럼 투자에 있어서도 최고의 수익은 절세다. 우리가 수익률이 좋은 상품을 고르고 우대 금리를 받는 것보다 중요한 건 세금을 줄여 애써 얻은 이익이 줄어드는 것을 방지하는 것이다. 자신의 투자가 좋은 투자가 되기 위해서는 반드시 세금도 챙겨야 한다.

절세의 시작은 증여다

증여가 빠를수록 경제적 디딤돌은 커진다

우리나라의 부자들은 자녀가 어릴 때부터 증여를 시작한다. 첫 번째 이유는 아이에게 오랜 시간 더 많은 증여를 할 수 있으며, 증여에 따른 위기와 기회에 잘 대처할 수 있기 때문이다. 경제가 지속적으로 성장한다고 생각하면 아이에게 증여한 재산 역시 지속적으로 증가한다. 아이가 성인이 될 때까지 10~20년이라는 시간을 고려한다면 더 큰 금액으로 불어날 것이다.

그뿐 아니라 금융 시장이 어떤 외부 충격에 의해서 급격히 불안정해진다고 생각해보자. 그럴 때마다 주식은 크게 요동치며 미국의 블랙프라이데이처럼 바겐세일에 들어간다. 그럼 보통 투자자들은 패닉에 빠져 손절하거나 추매(추가 매수)하는데, 부자들은 그 순간을 싸게 증여할 수 있는 기회라고 생각한다. 실제로 주식이 급락장일 때 금융권 VIP 창구에는 하루에도 수십 건의 증여 문의가 오고 자녀에게 주식을 증여하는 사람들이 급증한다. 20년이라는 증여 기간을 두면 증여를 위한 호기와 적기를 만날 기회가 많다.

    자녀가 어릴 때 증여를 하는 두 번째 이유는 세금 때문이다. 어느 나라나 비슷하겠지만 우리나라는 증여 재산에 높은 세율을 부과하고 있다. 현행 세법에서는 10년을 주기로 부모가 미성년자 자녀에게는 2천만 원까지, 성인 자녀에게는 5천만 원까지 증여세 없이 증여할 수 있는데, 이 세법을 잘 활용하면 아이가 태어나 21살이 되었을 때 최대 9천만 원까지 증여세를 납부하지 않을 수 있다.

증여 재산 공제 한도

증여자	예시	공제 한도
배우자	남편, 아내	6억 원
직계존비속(성년)	부모, 조부모, 장인, 장모, 성인 자녀	5천만 원
직계비속(미성년)	20세 미만 자녀	2천만 원(10년마다)
6촌 이내 혈족, 4촌 이내 인척	숙부, 고모, 이모, 조카, 숙모, 형수, 처남, 처제, 고모부, 이모부	1천만 원

    예를 들어 아이에게 1억 원을 증여한다고 해보자. A 부모는 아이가 미성년자일 때 10년마다 2천만 원씩을, 성인이 되었을 때 6천만 원을 증여했다. 그리고 B 부모는 아이가 성인이 되었을 때 1억 원을 한 번에 증여했다.

증여세 세율

증여세 과세 표준	세율	누진 공제액
1억 원 이하	10%	-
1억 원 초과~5억 원 이하	20%	1천만 원
5억 원 초과~10억 원 이하	30%	6천만 원
10억 원 초과~30억 원 이하	40%	1억 6천만 원
30억 원 초과	50%	4억 6천만 원

    A가 미성년자 시기에 증여받은 돈은 비과세로 증여세를 납부하지 않고, 성인이 되어 증여받은 6천만 원 중 비과세 5천만 원을 제외하고 남은 천만 원에만 증여세 100만 원(10%)을 납부해야 한다. 그래서 A가 증여받은 돈은 증여세를 제외하고 총 9,900만 원이 된다.

    B는 성인이 되어 증여받은 1억 원 중 비과세 5천만 원을 제외하고 남은 5천만 원에 대한 증여세 500만 원(10%)을 납부해야 한다. 그래서 B가 증여받은 돈은 증여세를 제외하고 총 9,500만 원이 된다.

A	B
1~10세 2,000만 원 증여 11세~20세 2,000만 원 증여 21세 6,000만 원 증여 ------------------ 9,000만 원 비과세 1,000만 원에 대한 증여세 100만 원 ------------------ 총 증여 9,900만 원	- - 21세 1억 원 증여 ------------------ 5,000만 원 비과세 5,000만 원에 대한 증여세 500만 원 ------------------ 총 증여 9,500만 원

    여기에서는 세금 효과를 보여주기 위해서 1억이라는 돈을 가지고

비교했지만 훨씬 적거나 많은 금액이라도 증여세 세율과 20년간의 투자 효과를 감안한다면 그 차이는 굉장히 클 것이다. 다시 말하지만 증여는 일찍부터 준비하길 권한다.

증여세 신고 전 반드시 알아두자

증여하는 재산이 과세인지 비과세인지 확인

증여 재산은 증여로 인하여 자녀가 받는 모든 자산 또는 이익으로써 경제적 가치가 있는 모든 물건, 모든 권리, 돈으로 환산할 수 있는 모든 이익을 포함한다. 하지만 사회 통념상으로 인정되는 치료비, 생활비, 교육비 등은 비과세 대상이다. 그 외에 학자금, 생일 축하금, 명절 때 받은 용돈, 통상 필요하다고 인정되는 혼수품 등도 비과세 대상이다.

과세든 비과세든 반드시 신고

억대가 넘어가는 거액의 금액이든 비과세되는 소액의 금액이든 증여세 신고는 반드시 해야 한다. 증여세 신고를 하지 않은 상태에서 계좌를 통해 억대의 돈이 입출금되면 소명 자료를 제출해야 하거나 세무 조사를 받게 될 수 있다. 또한, 자녀가 성년이 되었을 때 자녀 명의의 계좌를 부모의 차명 계좌로 오해받아 사용하지 못하게 될 수도 있다. 증여세 신고 후 생기는 수익은 얼마든 증여세가 부과되지 않으나 증여를 신고하지 않은 상태에서 생기는 수익은 반드시 증여세 신고를 해야 한다.

신고 절차는 정말 쉽다

증여는 빠르면 빠를수록 좋다. 증여세 신고도 빨리 하는 게 좋다. 아이 명의의 계좌를 개설해 현금을 입금하면 입금 시점에 증여를 한 것으로 인정되지만 입금한 시점에 증여 사실이 확인되지 않으면 아이가 계좌에서 돈을 인출한 시점에 증여를 한 것으로 인정될 수 있다. 그러면 증여세를 공제받을 기회가 줄어들거나 아예 못 받게 된다.

증여세 신고는 법적으로 증여가 발생한 달의 말일로부터 3개월 이내에 신고하면 된다. 하지만 대부분 바쁜 육아에 치여 기한을 넘기는 경우가 많다. 그래서 되도록 증여한 날 증여세 신고를 하는 게 좋다.

요즘에는 전산화가 잘 되어 있어 집에서도 간편하게 증여세를 신고하고 납부할 수 있다. 증여세 신고 방법만 알면 혼자서도 무리 없이 할 수 있으니 제대로 알아두자.

투자 자산을 증여하는 부모의 경우 증여세 신고를 늦추거나 한 번에 몰아서 하려다가 증여한 자산에서 금융 소득(투자 이익)이 크게 증가해 증여세 부담이 커질 수 있다. 그러므로 제때 증여 신고를 하는 게 좋다. 만약 매달 일정 금액씩 증여를 한다면 '몇 년 동안 얼마를 몇 번에 걸쳐 증여하겠다'라는 내용의 약정서를 작성해 세무서에 미리 신고하는 방법도 있다.

홈택스 증여세 신고 방법

증여받은 아이의 계좌 잔고 증명서, 가족 관계 증명서와 기본 증명서, 아이 명의의 공동인증서를 준비한다.

▼

국세청 홈택스(www.hometax.go.kr)에 접속해 아이의 이름으로 회원 가입을 하고 공동인증서를 등록한다.

▼

등록이 완료되면 홈택스에 로그인한다.

▼

홈택스 신고/납부에서 '증여세' 항목을 클릭한다.

▼

일반 증여 신고(별지10호)에서 '확정신고 작성'을 클릭한다.

▼

증여세 신고 안내, 증여 재산 명세 입력, 세액 계산 입력에서 필수 사항을 입력하고 저장한다.

▼

신고 내역 확인 후 증여세 신고서와 부속서류를 제출한다.

주식은 세금 모르면 절반만 성공한다

'동학개미'와 '서학개미'의 세금은 다르다

요즘 해외 주식 투자 열풍이 불고 있다. 10년 넘게 상승하고 있는 미국 주가, 경제 성장률이 높은 이머징 마켓 그리고 경제 대국으로 커진 중국 시장 등 많은 사람이 해외 주식에 관심을 가지고 투자를 하고 있다. 그러다 보니 국내 증권사들은 해외 주식 판매에 혈안이 되어 해외 주식에 대한 정보와 손쉽게 매매할 수 있는 시스템을 제공한다.

    해외 주식에 수요가 커지는 만큼 이익을 보는 사람들이 늘어날 것이고, 당연히 그 이익에 대한 세금을 내는 사람도 많아질 것이다. 주식은 수익률이 얼마인지도 중요하지만 세금을 얼마나 내는지도 알아야 한다. 주식처럼 국내와 해외 주식의 세금 적용이 다른 경우에는 특히 말이다.

국내 주식은 2022년까지는 양도 소득세 비과세

지금까지 우리나라는 대주주가 아닌 소액주주의 경우 양도 소득세(주식을 팔 때 발생한 차익에 대한 세금)는 부과하지 않았다. 그래서 소액을 투자하는 개인은 비상장 주식, 해외 주식에 대한 양도 소득세만 납부했다.

주식 양도 소득세 세율(2020년 기준)

구분		장내 거래		장외 거래	
		대주주	소액주주	대주주	소액주주
일반 기업		1년 미만 보유 30%	비과세	1년 미만 보유 30%	20%
		과표 3억 원 이하 20%		과표 3억 원 이하 20%	
		과표 3억 원 초과 25%		과표 3억 원 초과 25%	
중소기업		과표 3억 원 이하 20%		과표 3억 원 이하 20%	10%
		과표 3억 원 초과 25%		과표 3억 원 초과 25%	

출처: 국세청

대주주는 상장 주식, 비상장 주식, 해외 주식에 상관 없이 모두 양도 소득세를 납부한다. 대주주는 1년 동안 주식을 사고팔며 얻은 이익의 5천만 원까지 기본 공제가 되며 이를 초과하면 3억 원 이하는 20%, 3억 원 초과는 25%를 내야 한다. 양도 소득세는 양도일이 속한 반기의 말일로부터 2개월 이내에 신고 납부해야 한다. 만약 11월에 주식을 팔았다면 12월 말일을 기준으로 2월 말까지 신고 납부한다. 양도 소득세 세율의 10%에 해당하는 지방 소득세는 별도로 과세된다.

그렇다면 누가 대주주일까? 대주주는 보유 기간, 과표 금액에 따라 결정된다. 여기서 대주주라고 하면 기업의 회장님을 떠올리면서 자신은 대주주에 해당하지 않는다고 생각할 수도 있다. 실제로 이전까지 대주주 요건은 지분율 3% 이상, 주식 금액 100억 원 이상이었다. 하지만 지금은 그 요건이 완화되어 대주주에 해당하는 사람들이 많다.

대주주 요건(2020년 기준)

지분율: 코스피 1%, 코스닥 2%, 코넥스 4% 이상 주식을 소유한 주주

시가 총액: 주식 양도일 직전 사업연도 종료일(일반적으로 12월 31일)을 기준으로 시가 총액 10억 원 이상을 보유한 주주

둘 중 어느 하나라도 해당한다면 대주주라고 판단되어 양도 소득세가 부과된다. 대주주 요건을 판단할 때는 본인 소유의 주식뿐만 아니라 배우자, 부모, 자녀 등 가족의 주식까지 합산해서 한다. 그리고 대주주 요건의 지분율이 연중 한 번이라도 코스피 1%, 코스닥 2%를 넘게 되면 그 이후에 양도하는 주식은 양도 소득세가 부과된다. 또, 주식 양도일 직전 사업연도 종료일(일반적으로 12월 말)을 기준으로 주가가 많이 올라 10억 원을 넘게 되면 양도 소득세가 부과된다.

대주주 요건은 계속해서 낮아지고 있다. 실제로 2021년 4월부터는 코스피 상장, 코스닥 상장, 코넥스에 상장된 주식을 시가 총액 3억 원 이상 보유하고 있으면 대주주로 판단하게 되었다. 앞으로 많은 사람이 양도 소득세를 내야 할 상황이 찾아오는 것이다. 또한, 2023년부터는 소액주주도 양도 소득세를 내게 될 예정이다. 그래서 지금부터라도 현명

한 주식 투자자가 되기 위해서는 세금을 잘 관리해야 한다.

해외 주식은 양도 소득세 22%

주식은 기업의 이익을 투자자에게 각각 지분율에 비례해 배당금이라는 형태로 지급하는 것이다. 양도 소득세가 아니어도, 국내 주식이든 해외 주식이든 배당금은 배당 소득에 해당하기 때문에 세금을 납부해야 한다.

국내 주식은 배당 소득세가 15.4%이며, 해외 주식은 나라별, 상품별로 배당 소득세가 다르다. 참고로 해외 주식에서 가장 많은 비중을 차지하는 미국 주식의 배당 소득세는 15%이다.

그리고 해외 주식은 국내 금융 회사를 통해 투자를 한 경우와 해외 계좌를 직접 개설해서 투자한 경우 배당 소득세가 다르게 적용된다. 국내 금융 회사를 통해서 투자한 경우 소득이 2천만 원 미만이면 원천 징수로 과세가 종결되지만 2천만 원을 초과하면 종합 과세가 된다. 반면 해외 계좌를 직접 개설해서 해외 주식 투자를 한 경우는 금융 소득 금액과 상관 없이 모두 다른 소득과 합산해 종합 과세가 된다. 종합 과세가 될 때 외국에 납부한 세금이 있다면 세액 공제를 받을 수 있다.

미국 주식 세금(2020년 기준)

구분	세율
거래세	0.0021%
양도 소득세	22%(250만 원 기본 공제. 즉, 전체 수익이 250만 원을 초과하면 적용)
배당 소득세	15%

출처: 국세청

해외 주식의 양도 소득세는 1월 1일부터 12월 31일까지 해외 주식을 사고팔며 발생한 손익을 합산해서 계산한다. 그리고 연간 250만 원의 기본 공제를 받을 수 있다. 해외 주식에서 연간 250만 원 이하의 수익을 내면 세금을 내지 않는 것이다.

해외 주식은 환율의 영향도 받는다

자신이 산 해외 주식의 가격이 변동이 없더라도 환율의 변화에 따라서 이익이 날 수도 있고 손실이 날 수도 있다. 그래서 환율 변동에 의한 환차익도 양도 소득세에 포함하여 계산된다.

예를 들어 A주식을 100달러에 300주를 사고 98달러에 300주를 팔았다고 해보자. 그리고 주식을 살 때 환율은 1,000원이었고 팔 때는 1,200원으로 20% 상승했다.

	A주식
매수	100달러 X 300주 X 1,000원(환율) = 30,000,000원
매도	98달러 X 300주 X 1,200원(환율) = 35,280,000원

환율 변동으로 주식에서 528만 원의 차익이 발생했다. 여기서 250만 원을 공제해도 278만 원에 대해서는 세금을 납부해야 한다.

주식 양도 소득세 절세법 3

금융 투자에서 배당 소득, 이자 소득, 거래세는 특별히 절세할 방안이 마땅히 없지만 양도 소득세는 조금만 알면 절세할 수 있다.

대주주가 되지 않는다

주식 시가 총액에 대한 요건은 연말을 기준으로 하여 다음 해에 대주주 요건을 판단한다. 그래서 연말이 되기 전에 보유하고 있는 주식을 팔아서 시가 총액 기준 밑으로 낮추는 방법이 있다. 연말에 주가가 많이 올라 대주주 요건에 해당될 가능성이 있다면 일부를 팔았다가 연초에 다시 매수를 하는 것이다. 단, 새롭게 취득한 시점부터 보유 기간이 다시 산정되기 때문에 1년 미만 보유 주식은 30%의 양도 소득세 세율이 적용될 수 있다.

대주주가 되었다면 제때 예정 신고를 한다

양도일이 속하는 반기의 말일부터 2개월 이내에 양도 소득세를 신고하는 것을 예정 신고라고 한다. 예정 신고는 상반기, 하반기에 나누어 두 차례 진행된다. 양도 차익이 없거나 결손금이 발생한 경우라도 무조건 예정 신고를 해야 한다. 그래야 다른 양도 차익과 상계해 양도 소득세 부담을 줄이고 가산세를 부담하지 않을 수 있다.

주식을 매매한다

2021년 3월 31일까지는 주식 양도분에 대한 시가 총액 기준이 10억 원이다. 이 기간 내에 주식을 매각하면 4월부터 새로 적용되는 시가 총액 기준에 해당하지 않는다. 또한 국내 주식을 사고팔아 기본 공제 한도(5천만 원)를 맞추는 방법도 있다.

세금을 줄이기 위해 주식을 사고팔 경우 미리 알아두어야 할 사실이 있다. 지금은 국내 주식과 해외 주식이 분리되어 있어 손익을 합쳐서 계산하지 않는다. 국내 주식 따로, 해외 주식 따로 기본 공제를 받고 이를 초과한 금액에 대해서도 각각 양도 소득세를 낸다. 하지만 2023년부터는 국내 주식과 해외 주식 손익을 통산하게 될 예정이다(228쪽 참조).

해외 주식 절세는 팔고 다시 사거나 팔지 않거나!

주식을 아무리 오랜 기간 보유해도 공제 한도(비과세 한도)는 늘어나지 않는다. 몇 년을 보유하든 공제는 1년 단위로 적용되고 공제 한도는 똑같다. 그래서 매년 주식을 사고팔며 공제 한도를 적용받으면 절세할 수 있다.

손익이 250만 원을 초과하면 손실을 보고 있는 종목을 연내 일부 매도하고 다음 해 다시 매수한다. 연간 전체 수익 규모를 줄여 비과세 한도를 적용받는 것이다.

주식을 팔지 않는 방법도 있다. 세금은 주식을 팔아서 실현된 수익을 대상으로 한다. 만약 주식을 팔지 않는다면 사고파는 과정에서 차익이 발생하지 않았다고 인정되어 세금 신고를 하지 않아도 된다. 만약 이와 관련해 문제가 생긴다면 수익이 덜 발생했다고 소명하면 된다.

마지막으로 환율이 오르내리는 상황을 보고 환전한다. 해외 주식은 환율의 영향을 받아 손익이 줄어들거나 늘어날 수 있다. 주식을 매도한 다음 수익을 바로 환전해서 인출하지 말고 계좌에 계속 가지고 있다가 환율을 적용했을 때 수익이 양도 소득세 기준을 넘지 않으면 환전한다. 환율은 서울외국환중개 웹 사이트(www.smbs.biz)에 들어가면 날짜별로 확인이 가능하다.

    단, 해외 주식은 팔고 사도 실제 결제가 되기까지 며칠이 소요되므로 이 점에 유의해 파는 시점을 설정해야 한다. 그리고 해외 주식은 국내 주식과 다르게 양도 소득세를 직접 국세청에 신고해야 한다. 홈택스를 이용해 집에서도 양도 소득세를 신고할 수 있지만 최근에는 증권사별로 일반 고객에게 세금 신고 관련 대행 서비스를 제공하고 있다. 이를 신청하면 증권사가 세무 대리인에게 필요한 서류를 제공하고 양도 소득세를 대신 신고한다. 추후 세무서에서 양도 소득세 세액 고지서가 도착하면 납부하면 된다. 자신이 거래하는 증권사 웹 사이트나 앱에 들어가 해외 주식 양도 소득세 대행 신고를 하는지 살펴보자.

채권은 어떤 세금을 낼까?

안전하다고 해서 세금에서 자유로운 건 아니다

채권은 주식과 유사하지만 원금이 상환되고 약속한 이자를 지급받는다는 점에서 상대적으로 안전 자산으로 여겨진다. 이런 채권의 성격을 알면 채권에 어떤 세금이 있는지 짐작할 수 있다.

채권은 약속한 날에 약속한 이자를 받는 상품이다. 즉, 채권에서 발생하는 가장 큰 소득은 이자 소득이다. 그래서 여기에서 소득세 15.4%를 원천 징수하고 남은 금액을 지급받는다. 이자 소득이 2천만 원을 초과하면 초과한 금액은 다른 소득과 합산하여 종합 소득세로 부과된다.

이자 소득 외에도 채권을 사고팔면 차익이 발생하는데 이 매매 차익은 소득세법상 세금이 부과되지 않는다. 채권 투자는 기업에 돈을 빌려주는 것이지 지분 투자를 하는 것이 아니기 때문이다. 그래서 대주주 과세도 없다. 단, 펀드로 투자되는 채권은 매매 차익에 세금이 부과된다. 결론적으로 말하면 채권은 이자 소득이 주요 금융 소득이라고 할 수 있다.

은행 예금의 금리가 0%대로 낮아지면서 채권에 눈을 돌리는 사람들이 늘고 있다. 주식 투자도 좋지만 변동성이 큰 주식에 모든 자산을 집중시킬 수만은 없기 때문이다. 포트폴리오상 안정적으로 수익을 얻고 그에 대한 세금 적용도 적은 채권에 투자를 할 수밖에 없다. 그래서 자산이 많아질수록 채권 투자가 포트폴리오에서 차지하는 비중이 높아지는데 바로 이 점을 유의해야 한다.

앞서 2천만 원을 초과하면 종합 소득세로 과세가 된다고 말했다. 하지만 채권 투자 비중이 높은 사람들 중에는 근로 소득이 높거나 자산에서 파생되는 소득이 많은 사람이 있다. 그런 소득에서 최고 세율(46.2%)을 적용받는 경우 금융 소득이 종합 과세가 되면 많은 세금을 납부해야만 한다.

다시 말해 소득세 세율이 높게 적용되는 고소득자들은 금융 소득 종합 과세를 신경 쓸 수밖에 없다. 그래서 최고 세율을 적용받는 사람은 투자 수익률도 중요하지만 세금을 줄이는 전략도 중요하다.

만기 10년 이상의 장기 채권에 투자하고
분리 과세를 신청하자

고소득자가 만기 10년 이상의 장기 채권에 투자를 한다면 장기 채권에서 나오는 이자에 대해서는 33%로 분리 과세 신청을 할 수 있다.

예를 들어 금융 소득이 2천만 원을 초과해 종합 소득세 세율을 적용받는 A라는 사람이 이자율 5% 장기 채권에 2천만 원을 투자했다. 채권의 이자 소득이 100만 원 발생했다고 하면 여기에 462,000원의 세금이 부과되며, 남은 이자 소득 538,000원에 세후 이자율 2.69%가 추가로 부과된다. 금융 소득 종합 과세가 되지 않는다면 세금은 152,000원만 내면 된다.

만약 A와 같은 상황이라면 이자 소득을 받기 전 분리 과세를 신청하자. 그러면 33%의 이자만 원천 징수된다. 다소 높은 세율이지만 종합 소득세(46.2%)에 비하면 세금을 13.2% 줄일 수 있다.

단, 주의해야 할 점이 있다. 분리 과세에서 말하는 '10년 이상' 조건은 채권의 만기 기준이지 투자 기간을 의미하는 것이 아니다. 만약 2013년 이전에 발행한 장기 채권에 투자했다면 채권이 10년 만기가 될 때까지 가지고 있을 필요가 없다. 하루만 가지고 있어도 분리 과세 신청이 가능하다. 2013년 1월 1일 이후 발행된 장기 채권은 3년 이상만 보유하면 분리 과세를 신청할 수가 있다. 또한, 분리 과세 신청 제도가 2018년부터 폐지되었으므로 2017년 12월 31일 이전에 발행된 만기 10년 이상의 채권만 분리 과세 신청이 가능하다.

분리 과세 신청은 신청서를 작성해 해당 금융 기관에 제출하면 된다. 만약 1년에 이자를 2회 이상 지급받는다면 최초 이자를 지급받을 때 신청서를 제출하자. 그러면 이후에 받는 이자도 분리 과세가 적용된다. 분리 과세를 적용받는 장기 채권을 종합 과세로 바꾸는 것도 가능하다. 장기 채권 이자 분리 과세 철회 신청서를 작성해 제출하면 된다.

펀드, 세금을 모르면 낭패다

펀드는 투자 자산에 따라 세금이 결정된다

펀드는 투자자가 직접 투자하는 것이 아니라 투자자의 돈을 모아 전문 회사(자산 운용사)가 대신 돈을 굴리는 대표적인 간접 투자 상품이다. 주식, 채권 등 금융 상품을 운용하고 그 실적에 따라 배당을 해준다. 그래서 개인 혼자서 할 수 없는 큰 규모의 투자도 펀드를 통해서는 참여할 수 있다.

펀드는 투자자의 돈을 모아서 큰 금액을 굴리기 때문에 여러 가지 자산에 분산 투자를 한다. 그래서 투자를 한 자산에 따라 세금 부과 여부가 다르다. 만약 비과세 자산에 투자해서 수익이 났다면 수익이 얼마나 많이 났든 세금을 거의 내지 않을 수도 있고, 과세 자산에 투자해서 수익이 났다면 세금을 내야 한다.

주식과 채권은 사고팔며 매매 차익이 발생하고 배당 소득, 이자 소득 등 여러 가지 소득이 발생하게 된다. 펀드도 투자한 자산에서 발생한 소득은 배당 소득으로 과세되고, 펀드에서 주식의 매매 차익으로 발생한 소득은 과세를 하지 않는다.

구분			과세 여부
국내	주식	매매 차익	비과세
		배당 소득	과세
	채권	매매 차익	과세
		이자 소득	과세
해외	주식, 채권	매매 차익	과세
		이자 소득	과세
기타(원유, 금 등)		매매 차익	과세

펀드에서 300만 원의 수익이 났다고 가정해보자. 먼저 300만 원 수익 중 주식 매매 차익이 250만 원이고 나머지 50만 원이 주식 매매 차익 이외의 수익이라면 50만 원에 대한 15.4%인 77,000원만 세금을 납부하게 된다. 반면 300만 원 모두 주식 매매 차익이 아니면 462,000원의 세금을 납부하게 된다.

그래서 펀드의 세금을 줄이려면 펀드에 편입되어 있는 자산이 어떤 자산인지 확인하고 투자해야 한다.

ETF도 똑같다

ETF는 주식과 같이 거래소에서 매매가 가능한 펀드다. 그래서 펀드지만 주식처럼 비과세된다고 알고 있다. 하지만 ETF도 결국 펀드이기 때문에 투자 자산에 따라 과세 여부가 결정된다.

ETF는 주식처럼 매매 차익이 생기며, 주식 배당과 같이 분배금을 받는다. 매매 차익은 ETF의 종류에 따라서 과세 여부와 세율이 결정되며, 분배금은 배당 소득세로 과세된다.

국내 상장 주식형 ETF

매매 차익은 주식과 같이 비과세다.

국내 상장 기타 ETF

매매 차익은 배당 소득으로 분류되어 15.4%가 원천 징수된다. 일정 소득을 넘어서면 금융 소득 종합 과세에 포함될 수 있다. 국내 상장 기타 ETF는 매매 차익을 계산하는 방법이 조금 특이하다. 실제로 사고파는 가격의 차이에서 발생하는 매매 차익과 펀드이기 때문에 사고파는 시점의 과표 기준가를 기준으로 산출한 매매 차익 중 적은 금액에 대한 배당 소득세를 납부한다.

예를 들어 기타 ETF를 500만 원에 샀을 때 과표 기준가가 450만 원이고, 700만 원에 팔았을 때 과표 기준가가 600만 원이라 하면 사고판 매매 차익은 200만 원이고 과표 기준가 매매 차익은 150만 원이 된다. 그러면 세금은 200만 원과 150만 원 중 150만 원에 대한 배당 소득세를 납부하면 된다.

해외 상장 ETF

해외 주식과 마찬가지로 매매 차익에 대해 22%의 양도 소득세가 부과된다. 양도 소득은 이자 소득이나 배당 소득처럼 금융 소득으로 분류되지 않기 때문에 종합 과세에 포함되지 않고 단일 세율이 적용된다. 그래서 높은 세율의 종합 과세가 적용되는 사람들에게 세금 면에서 유리한 투자가 될 수 있다.

ETF 종류		특징	매매 차익	분배금
국내 상장	주식형	국내 상장 주식으로 구성	비과세	배당 소득세 15.4%
	기타	채권, 파생 상품, 해외 주식, 원자재 등으로 구성	배당 소득세 15.4%	
해외 상장		해외 주식 거래소에 상장	양도 소득세 22%	

금융 소득의 스노볼
= 종합 소득세

금융 소득이 많을수록 세금이 불어난다

금융 소득이 2천만 원을 초과하면 부동산 소득, 사업 소득, 근로 소득 등 다른 소득과 금융 소득을 합하고 총 소득이 얼마인지에 따라 최종 납부해야 되는 세금이 결정된다. 이를 종합 과세라고 하며, 금융 소득에서 2천만 원은 15.4%의 세율이 적용되고, 2천만 원을 초과하는 금액은 종합 소득세 세율이 적용된다.

예를 들어 낮에는 회사를 다니고 밤에는 유튜버 활동을 하고 있는 A의 사업 소득이 1억 원, 근로 소득이 7천만 원 그리고 금융 소득이 5천만 원이라고 하자. 금융 소득이 2천만 원을 초과한 A씨는 종합 소득세를 얼마나 내야 할까?

먼저 A는 금융 소득 5천만 원에 대한 소득세 15.4%로 770만 원을 납부했다. 하지만 2천만 원을 초과한 3천만 원은 종합 과세가 되기 때문에 다른 소득과 합한 종합 소득 금액에 따라 종합 소득세 세율의 적용을 받는다. A의 종합 소득 금액은 사업 소득 1억 원, 근로 소득 7천만 원, 금융 소득의 초과 금액 3천만 원을 합하면 2억 원이다. 그래서 41.8% 세율이 적용된다.

종합 소득세 세율(2020년 기준)

과세 표준	세율(지방세 별도)	누진 공제
1,200만 원 이하	6%	
1,200만 원 초과~4,600만 원 이하	15%	1,080,000원
4,600만 원 초과~8,800만 원 이하	24%	5,220,000원
8,800만 원 초과~1억 5천만 원 이하	35%	14,900,000원
1억 5천만 원 초과~3억 원 이하	38%	19,400,000원
3억 원 초과~5억 원 이하	40%	25,400,000원
5억 원 초과	42%	35,400,000원

A 금융 소득 최종 세액

2천만 원 × 원천 징수 15.4% + 3천만 원 × 종합 소득세 41.8% = 1,562만 원

결과적으로 A는 1,562만 원에서 먼저 납부한 소득세 770만 원을 차감하고 792만 원을 추가로 납부해야 한다.

종합 과세가 되어도 세금을 안 낼 수 있다?

그렇다면, 다른 소득 없이 금융 소득만 있는 경우에도 종합 소득세가 적용될까? 앞서 말했듯이 금융 소득세는 2천만 원까지만 적용이 된다. 그 금액을 초과한 금융 소득은 무조건 종합 소득세가 적용된다. 단, 종합 소득세 세액이 원천 징수 세액보다 적으면 추가적으로 세금을 납부하지 않아도 된다.

예를 들어 금융 소득만 연 5천만 원이 발생하는 B를 보자. 먼저 15.4% 세율로 소득세가 적용되어 5천만 원 중 770만 원이 원천 징수되었다. 다음으로 금융 소득이 2천만 원을 초과했기 때문에 초과한 금액은 종합 소득세 적용을 받는다. 금융 소득만 있는 B는 초과한 3천만 원에 16.5% 세율이 적용된다.

B 금융 소득 최종 세액

원천 징수 세액 = 금융 소득 5천만 원에 대한 원천 징수 15.4% = 770만 원

최종 세액 = 2천만 원 × 원천 징수 15.4% + 3천만 원 × 종합 소득세 16.5% = 6,842,000원

금융 소득만 있는 B는 최종 세액이 6,842,000원이 되었다. 하지만 B는 추가적으로 세금을 납부하지 않아도 된다. 먼저 원천 징수된 세액이 종합 과세 적용을 받은 최종 세액보다 많기 때문이다.

원천 징수 세액 > 최종 세액 = 추가 세금 없음

원천 징수 세액 < 최종 세액 = 추가 세금 있음

종합 소득세와 관련해서는 단 두 가지만 기억하면 된다. 2천만 원을 초과한 금융 소득은 무조건 종합 소득세가 적용된다. 종합 과세로 책정된 최종 세액이 원천 징수된 세액보다 클 경우에만 세금을 추가 납부한다.

종합 소득세 절세법 3

금융 소득은 소득이 많으면 그만큼 세금을 더 많이 낸다. 하지만 1년 정산, 개인 한정이라는 두 가지 포인트만 알면 세금을 절약할 방법이 보인다.

비과세, 분리 과세 상품을 활용하자

비과세 및 분리 과세 가능한 상품에서 발생하는 금융 소득은 종합 소득세 대상에서 제외된다. 이러한 상품을 최대한 활용하여 준비하는 것이 좋다.

주요 절세형 금융 상품

상품명	구분	판매 회사	세제 혜택
연금 저축	세액 공제	은행, 증권사, 보험사	연말 정산 시 연간 400만 원 한도 내 13.2% 세액 공제
ISA	비과세	은행, 증권사, 보험사	계좌 발생 소득 400만 원까지 비과세
비과세 종합 저축	비과세	모든 금융회사	계좌 발생 소득, 배당 소득 비과세
주택 청약 종합 저축	소득 공제	은행	연말 정산 시 과세연도 납부 금액 40% 소득 공제

출처: 금융감독원

금융 소득 발생 시점을 분산하자

우리나라는 1월 1일부터 12월 31일까지의 소득을 합산하여 세금을 산출한다. 그래서 금융 소득이 어느 기간에 발생했는지에 따라 세금이 달라질 수 있다. ELS 상품의 경우에는 소득 지급일이 세금을 산출하는 귀속 시점이다.

펀드 상품의 경우에는 해당 펀드 상품을 환매하게 될 때 세금이 산출되는 귀속 시점이 된다. 만일 내년에 추가적인 수익률이 기대된다고 가정한다면 당해 연도에 2천만 원이 초과하지 않도록 금융 상품을 환매하는 것도 좋은 방법이 될 수 있다.

가족 증여를 통한 자산 및 금융 소득 분배

재산을 다른 사람에게 넘겨주는 것을 증여라 하는데, 이때 국가에서는 재산을 넘겨받은 사람에게 증여세를 부과하고 있다. 만일 증여 대상자가 자녀 혹은 배우자일 경우 일정 기간 혹은 금액 범위에 따라 비과세를 적용받을 수 있다는 점을 활용하자. 배우자는 6억 원, 성인 자녀는 5천만 원까지 세금 부담 없이 증여가 가능하다. 단, 반드시 세무서에 증여세 신고를 하고 증빙 서류를 보관해야 한다.

세액 공제 활용 포인트

연말 정산 시기가 다가오면 금융 회사에서 홍보를 가장 많이 하는 부분이 바로 세액 공제가 가능한 상품이다. 연금 저축을 예로 들어보자. 한

은행에서 고객들에게 세액 공제가 가능해 총 400만 원까지 납입할 수 있고, 총 급여가 5,500만 원 이하인 경우 납입 금액의 16.5%, 이상인 경우 13.2%까지 돌려받을 수 있는 연금 저축을 소개했다. 이런 설명을 들으면 대부분은 연금 저축을 세액 공제도 되고, 돈도 환급받는 상품이라고 인지한다. 하지만 아니다. 세금 공제 상품이라고 해서 무조건 세금 혜택을 누릴 수 있는 건 아니다.

이것을 이해하려면 연말 정산 소득 공제 구조를 알아야 한다. 기본적인 급여 소득 공제에 신용카드 및 체크카드 사용 금액에 대한 공제 등을 포함해 종합 소득 공제라고 하는데, 소득에서 이 종합 소득 공제를 우선 차감한다. 그런 다음 나온 값을 과세 표준 세율로 곱하고, 누진 공제를 제외해 세액을 산출한다. 세액 공제는 이 산출 세액에서 적용된다.

(총 급여 - 종합 소득 공제) × 과세 표준 세율 - 누진 공제 = 산출 세액

산출 세액 - 세액 공제 = 결정 세액

우리가 연말 정산에서 돌려받거나 추가로 납부하는 돈이 이 결정 세액이다. 만일 산출 세액보다 공제받은 세액이 많으면 돈을 추가로 내고, 적으면 돈을 돌려받는다. 그래서 연말 정산에서 돈을 추가로 납입해야 하는 사람들이 집중해야 하는 부분이 바로 세액 공제다.

무조건 세액 공제 상품에 가입했다고 해서 돈을 지급받는 게 아니라 위와 같은 절차에 따라 계산되어 추가로 납부할 세금이 있는 사람들에 한해서만 세액 공제 상품의 세금 혜택을 누릴 수 있는 것이다.

연말 정산 구조와 세액 공제에 대해 알았다면 다음으로 세액 공제 상품에 가입하는 노하우를 알아야 한다. 연말 정산 시 추가로 납부해야 하는 세금 때문에 세액 공제 상품에 가입하려고 한다면 매년 자신이 내는 세금이 얼마인지, 얼마를 공제받아야 하는지를 확인하자.

예를 들어, 연봉 5,500만 원 미만 직장인의 직전 연말 정산 결정 세액이 30만 원이었다고 하자.

결정 세액/세액 공제율 = 필요 납입 금액(공제 가능한 최소 금액)

결정 세액 30만 원을 16.5%로 나누면 182만 원가량이 나온다. 즉, 매년 182만 원을 연금 저축으로 납입해야 세액 공제 30만 원을 받을 수 있다.

연봉 5,500만 원 이상 직장인의 직전 연말 정산 결정 세액이 80만 원이었다고 하자. 80만 원을 공제받기 위해서는 600만 원가량을 세액 공제 상품에 납입해야 한다. 그럼 매년 연금 저축으로 400만 원을 내도 최대 528,000원까지 공제받을 수 있다. 나머지 172,000원을 공제받기 위해서는 추가로 IRP(개인형 퇴직 연금)에 200만 원을 납입해야 한다.

무턱대고 400만 원 한도라는 말만 믿고 세액 공제 상품에 가입해서는 안 된다. 스스로 상황을 잘 체크해보고, 그에 맞게 자산을 배분하는 게 좋다. 그래야 저축은 저축대로, 절세는 절세대로 그 효과를 톡톡히 누릴 수 있다.

2023년, 금융 소득세가 달라진다

마지막으로 달라질 금융 소득세를 잠깐 짚고 넘어가겠다. 2023년에는 모든 금융 상품의 소득을 하나로 묶어 소득세를 과세한다. 금융 상품의 손익을 통산해 순익이 발생할 경우 금액이 3억 원 이하면 20%, 3억 원 초과면 25%의 세율이 적용된다. 손실이 발생할 경우에는 최대 5년간 손실금을 이월할 수 있어, 5년 내 순이익이 많이 발생한 해에 적용해 세금 부담을 줄일 수 있다. 또한, 기존 대주주에게만 과세하던 주식 양도 소득세가 금융 소득으로 통합되면서 소액주주도 주식 양도 소득세를 납부하게 되었다.

예를 들어 주식으로 6천만 원의 이익을 낸 투자자가 있다면 기본 공제 5천만 원을 제외하고 남은 천만 원에만 20%의 세금 200만 원이 과세된다.

금융 소득세 과세 체계 요점

항목	요약
과세 표준	(금융 소득 - 금융 이월 결손금) - 기본 공제
이월 공제	결손금 이월 공제 5년간 허용
기본 공제	국내 주식: 5천만 원 기타(해외 주식, 비상장 주식, 채권, 파생 상품): 250만 원
세율	3억 원 이하: 20%(지방 소득세 포함 시 22%) 3억 원 초과: 25%(지방 소득세 포함 시 27.5%)

새로운 세법이 적용되는 2023년 이전에 산 주식들은 2022년 말의 주식 가격으로 취득 가액이 적용되고, 2023년 이후에 상승분만 2023년

세법의 적용을 받는다.

    금융 소득세가 변화하면 높은 수익을 얻는 개인 투자자들의 세금 부담은 지금보다 늘어날 것이다. 그렇기 때문에 더더욱 투자에 뛰어들기 전, 이미 뛰어들었다면 지금이라도 금융 소득세에 대한 공부가 필요하다. 세금을 알면 그 안에서도 충분히 절세할 방안을 찾을 수 있다. 그리고 장기 투자를 하는 사람이라면 지금부터 투자할 상품을 고를 때 2023년에 적용될 세법을 고려해 고르길 바란다.

돈에 밝은 아이로 키워라

2021년 3월 31일 초판 1쇄 발행
2021년 7월 10일 초판 2쇄 발행

지은이 | 노충호 엄순태
발행인 | 윤호권 박헌용
본부장 | 김경섭
책임편집 | 정상미

발행처 | 지식너머
출판등록 | 제 2013-000128호

주소 | 서울시 성동구 상원1길 22, 7층(우편번호 04779)
전화 | 편집 (02)3487-1151·마케팅 (02)2046-2800
팩스 | 편집·마케팅 (02)585-1755
홈페이지 | www.sigongsa.com

ISBN 979-11-6579-516-0 03320

이 책의 내용을 무단 복제하는 것은 저작권법에 의해 금지되어 있습니다.
파본이나 잘못된 책은 구입하신 곳에서 교환해드립니다.

지식너머는 ㈜시공사의 브랜드입니다.